吴振奎数学经典系列

数学解题中的物理方法

吴振奎 编著

◎ 刚性变换与压缩变换
◎ 力学原理在数学中的应用
◎ 光学原理在数学中的应用
◎ 电学原理在数学中的应用
◎ 其他物理原理在数学中的应用

哈尔滨工业大学出版社
HARBIN INSTITUTE OF TECHNOLOGY PRESS

内容简介

数学与物理有着不解之缘,人们常用数学方法解答物理问题,然而反过来,用物理方法解答数学问题却未被人们重视,但有时这不仅方便、简洁,而且巧妙、自然.

本书通过大量生动有趣的例子,介绍了中学数学解题中常用的各种物理方法(包括力学、光学、电学及其他物理方法),这不仅可以开阔读者的眼界,启发并丰富其解决数学问题的思路和手段,同时也有助于读者进一步加深对有关物理概念的理解.

图书在版编目(CIP)数据

数学解题中的物理方法/吴振奎编著.—哈尔滨:哈尔滨工业大学出版社,2011.1
ISBN 978-7-5603-3197-3

Ⅰ.①数… Ⅱ.①吴… Ⅲ.①数学课-中学-解题 Ⅳ.①G643.605

中国版本图书馆 CIP 数据核字(2011)第 025498 号

策划编辑	刘培杰 张永芹
责任编辑	李长波
出版发行	哈尔滨工业大学出版社
社　　址	哈尔滨市南岗区复华四道街 10 号　邮编 150006
传　　真	0451—86414749
网　　址	http://hitpress.hit.edu.cn
印　　刷	哈尔滨市石桥印务有限公司
开　　本	787mm×960mm　1/16
	印张 14.75　字数 154 千字
版　　次	2011 年 7 月第 1 版　2011 年 7 月第 1 次印刷
书　　号	ISBN 978-7-5603-3197-3
定　　价	28.00 元

(如因印装质量问题影响阅读,我社负责调换)

序一

　　如果我们打开科学史,研究一些卓越人物成功的经验,就会发现一个重要的事实:他们所研究的正是他们从小就喜欢的.少年时代的达尔文数学成绩不佳,但热爱生物,结果他成为最伟大的生物学家.反之,如果强迫他研究数学,他未必能如此成功.由此可见,兴趣与工作一致,二者形成循环,是成功的重要因素.然而兴趣又是怎样形成的呢?这固然与天赋有关,但后天的启发和培养更为重要.数学教师的职责之一就在于培养学生对数学的兴趣,这等于给了他们长久钻研数学的动力.优秀的数学教师之所以在学生心中永志不忘,就是由于他点燃了学生心灵中热爱数学的熊熊火焰.

讲一些名人轶事有助于启发兴趣,但这远远不够.如果在传授知识的同时,分析重要的数学思想,阐明发展概况,指出各种应用,使学生不仅知其然,而且知其所以然,不仅看到定理的结论,而且了解它的演变过程,不仅看到逻辑之美,而且欣赏到形象之美、直观之美,这才是难能可贵的.在许多情况下,直观走在逻辑思维的前面,起了领路作用.直觉思维大都是顿悟的,很难把握,却极富兴趣,正是精华所在. M.克莱因写了一部大书《古今数学思想》,对数学发展的主导思想有精彩的论述,可惜篇幅太大,内容过深,不易为中学生所接受.

真正要对数学入迷,必须深入数学本身:不仅是学者,而且是作者;不仅是观众,而且是演员.他必须克服一个又一个的困难,不断地有新的发现、新的创造.其入也愈深,所见也愈奇,观前人所未观,发前人所未发,这才算是进入了登堂入室、四顾无峰的高级境界.为此,他应具备很强的研究能力;而这种能力,必须从中学时代起便开始锻炼,经过长期积累,方可成为巨匠.

于是我们看到"兴趣"、"思维"和"能力"三者在数学教学中的重要作用.近年来我国出版了多种数学课外读物,包括与中学教材配套的同步辅导读物和题解.这套《让你开窍的数学》丛书与众有所不同,其宗旨是"引起兴趣、启发思维、训练能力",风格近似于美国数学教育家 G. Pólya(波利亚)的三部名著《怎样解题》、《数学与猜想》、《数学的发现》,但更切合我国的实际.本丛书共 8 本,可从书名看到它们涉及的范围甚为宽广.作者都有丰富的教学经验和相当高的学术水平,而且大都出版过多种数学著作.因此,他们必能得心应手,写得趣味盎然,富于启发性.这套丛书的主要对象是中学、中专的教师和同学,我们希望它能收到宗旨中确定的效果,为中学数学教学作出较大贡献.

王梓坤
1996年7月

前 言

　　数学和物理有着不解之缘.自这两门学科诞生起,它们就互相启发、互相借鉴、互相帮助并一道发展.

　　用数学方法去解物理问题,似乎理所当然(因为数学是工具),但反过来用物理方法去解答数学问题却常被人们所忽视,实际上后者往往也能使解复杂的数学问题变得巧妙与简洁.

　　用物理方法解答数学问题,早在两千多年以前,古希腊学者阿基米德就已进行了开拓性的研究:他曾用力学中物理的平衡定律解一些几何问题,且将它们写入《一些几何命题的力学证明》一书.

微积分的产生是与物理(也包括工程)的研究分不开的.

近代的物理学,不仅为某些数学命题的证明提出了明确的思路和简单的办法,甚至为数学提供了新的思想和方向,从而产生出新的数学分支.

这样,我们有必要去回顾、总结一下中学数学中那些可用物理方法来解决的问题,这不仅可开阔我们的眼界,增加解决数学问题的手段,同时对于某些物理现象(原理、定律等)会有进一步的了解与认识——这对数学和物理的学习,无疑都是有益的.

本书撰于10余年前,此次出版笔者作了较大修改:增加了某些内容,充实了某些方法,添补了某些例题……然而这一切仍恐挂一漏万,因为要想用如此篇幅去侈谈"数学解题的物理方法"是困难的,况笔者功浅力薄.这里的目的无非是抛砖引玉而已.

但愿读者能体味这番苦心.

吴振奎
1994年末于天津

新版小记

此书出(再)版转眼又过去16个年头,其间偶见有读者在网上发表评见——如果本书真的对他们有过些许帮助,笔者将深感欣慰.

这次承蒙刘培杰君抬爱,使本书又获一次再版机会.

笔者时年已过花甲,体力与精力大不如前,本想对书稿作一番修订,只是心有余而力不足.

因而仅对书中某些资料最新进展作了补充和修改,其他并无大的变更.

数学也许永远不会过时,这算是笔者对本书此次再版而未作修订的一种借口吧.

吴振奎
2010年秋于天津

目录

第1章　刚性变换与压缩变换　//1

　　1.1　刚性变换　//3
　　1.2　压缩变换　//26

第2章　力学原理在数学中的应用　//45

　　2.1　重心原理及其应用　//47
　　2.2　力系平衡概念及其应用　//77
　　2.3　势能最小原理及其应用　//88
　　2.4　力矩和功原理及其应用　//101

第3章　光学原理在数学中的应用　//120

第4章　电学原理在数学中的应用　//150

第5章　其他物理原理在数学中的应用　//173

附录　并非懒人的方法——"实验数学"刍议　//204

刚性变换与压缩变换

> 圆是最完美的图形.
> —— 但丁（Dante）

第 1 章

天气冷了,如果你细心观察就会发现,动物躺下时总要把身体缩成一团(成一个球),因为这样可以减少身体表面热量的损失.水银滚落地面,雨点打到荷叶上,都呈现球形.在表面张力的作用下,液体有力求使其表面积达到最小的趋势.这些可给我们带来一个启示(无异于要求我们去承认):

在体积一定的几何形体中,球的表面积最小.

若将一段柔软的细线两头连接起来,将它轻轻地放在一个蒙有肥皂膜的

数学解题中的物理方法

铁框上,再用小针将曲线里的薄膜刺破,曲线就变成了圆.这是因为曲线里面薄膜消失后,外面的肥皂膜表面的张力收缩,牵制曲线且使曲线围成的面积尽可能地扩大(图 1.1).这又启发我们:

在周长一定的平面封闭曲线中,以圆的面积为最大(等周定理①).

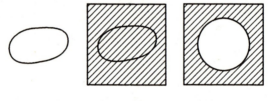

图 1.1

由以上可以看到:物理现象不仅为我们提出某些数学问题,同时也可以帮助我们理解某些数学概念和结论.

它们的证明这里姑且不谈,下面我们先谈一下利用上面的结论,且借助于所谓"刚体"的性质及变换,去证明关于多边形面积的极值问题和其他几何问题,然后再由"弹性体"谈谈压缩变换.

---

① 等周问题历史相当久远.相传迪多(Dido)女皇曾在购买土著人土地时考虑过它(因此导致迦太基城的建立,详见第 3 章).

古希腊数学家芝诺多罗斯(Zenodorus)在公元前 2 世纪就研究过这个问题,其成果在 5 世纪之后由巴普士(Pappus)详述并加以推广.

18 世纪,拉格朗日(Lagrange)创立了变分法,这对等周问题的解决提供了有力的工具,尤其适于该问题的一般提法.

利用初等几何解决该问题是 19 世纪几何学家雅各布·斯坦纳(Jacob Steiner)完成的.

2

第1章 刚性变换与压缩变换

1.1 刚性变换

所谓"刚体"是指在空间移动而不改变其形状和大小的物体.利用"刚体"的某些性质可以巧妙地处理一些问题.我们先来看一个例子:

例1 当四条边给定时,什么样的四边形面积最大?

解 我们由等周定理知道:定长曲线所围成的平面图形以圆面积最大.设四边给定的四边形 $ABCD$ 可内接于圆,我们把圆除去四边形后剩下的部分[图1.2(a)中阴影部分]视为刚性板,且把四边形 $ABCD$ 的四个顶点看成活动关节,当刚性板块沿活动关节变化时,便得到一个新的图形[图1.2(b)]——但它们的外围不再是个圆.可是图中阴影部分是刚性板块,即它位置变化时面积不变,且圆弧及弦长也不变,即它的周界长不变.由

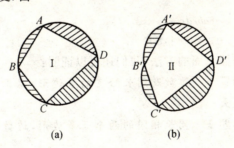

图 1.2

$$S_\odot > S_{\text{图形(b)}} \quad (\text{等周定理})$$

即 $$S_{\text{阴影}} + S_{\text{I}} > S_{\text{阴影}} + S_{\text{II}}$$

得 $S_Ⅰ > S_Ⅱ$（因为 $S_{阴影} = S_{阴影}$）
因此，我们得到结论：

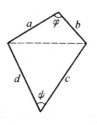

当四条边给定时，以圆内接四边形的面积为最大．

注 这个结论也可用三角方法得到．令四边形面积为 S，四边长为 a,b,c,d；且 a,b 夹角为 φ；c,d 夹角为 ψ（图1.3）．

图 1.3

由
$$2S = ab\sin\varphi + cd\sin\psi \tag{1.1}$$

由余弦定理有
$$\frac{1}{2}(c^2 + d^2 - a^2 - b^2) = cd\cos\psi - ab\cos\varphi \tag{1.2}$$

式$(1.1)^2$＋式$(1.2)^2$ 再整理有
$$4S^2 + \frac{1}{4}(c^2 + d^2 - a^2 - b^2)^2 =$$
$$a^2b^2 + c^2d^2 + 2abcd[\sin\varphi\sin\psi - \cos\varphi\cos\psi]$$

即
$$16S^2 = 4(a^2b^2 + c^2d^2) - (c^2 + d^2 - a^2 - b^2)^2 - 8abcd\cos(\varphi + \psi)$$

故
$$S = \frac{1}{4}[4(a^2b^2 + c^2d^2) - (c^2 + d^2 - a^2 - b^2)^2 - 8abcd\cos(\varphi + \psi)]^{\frac{1}{2}}$$

显然当 $\varphi + \psi = \pi$ 时，S 最大．

仿照上面的方法，我们还可以证明：

命题1 边数及周长给定的多边形，以正多边形面积最大；

命题2 周长相同的两个正多边形，边数多者面积也大．

下面我们仍利用刚体的性质，证明上述结论．为了证明命题1，我们先来证一下：周长相同、边数一样的两个多边形，以等边多边形面积最大．

边可由归纳法且**通过局部调整**的办法来证明. 只须注意到: 给定底和两腰的三角形, 以等腰三角形面积最大. (其实也可从图 1.4 中明显地看到这一点, 注意到椭圆的性质)

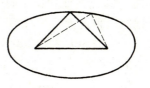

图 1.4

注 这个结论还可以用下面的证明:

若 $0 < x_1 < x_2 < \cdots < x_n$, 且 $\sum_{i=1}^{n} x_i = l$(常数), 记 $\Pi_1 = \prod_{i=1}^{n} x_i$.

又令 $y_1 = y_2 = \dfrac{1}{2}(x_1 + x_2)$, $y_k = x_k (k = 3, 4, \cdots, n)$, 显然 $\sum_{i=1}^{n} y_i = l$, 又记 $\Pi_2 = \prod_{i=1}^{n} y_i$, 我们有 $\Pi_1 = \Pi_2$.

事实上,
$$\left(\frac{x_1 + x_2}{2}\right)^2 - x_1 x_2 = \left(\frac{x_1 - x_2}{2}\right)^2 > 0$$

即
$$\left(\frac{x_1 + x_2}{2}\right)^2 > x_1 x_2$$

从而
$$\left(\frac{x_1 + x_2}{2}\right)^2 \cdot \prod_{i=3}^{n} x_i > x_1 x_2 \prod_{i=3}^{n} x_i$$

即
$$\prod_{i=1}^{n} y_i > \prod_{j=1}^{n} x_j$$

由此可以看到, 只要 $x_i, x_j (i \neq j)$ 不相等就可重复上面步骤, 使和 $\sum x_i$ 不变, 而积 $\prod x_i$ 增大.

当 $x_1 = x_2 = \cdots = x_n$ 时, 就不能再调整了, 因而它的积 $\prod x_i$ 最大.

有了上面的准备, 我们可用刚体的性质来证明命题 1. 这只须证周长相同的等边 n 边形,当它能内接于圆时面积最大(即为正 n 边形)即可.

证明的方法及步骤完全与例 1.1 的证明相同(图 1.5).

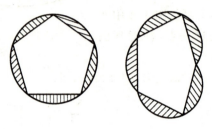

图 1.5

有了命题 1 我们不难证得命题 2,这只须把正 n 边形视为特殊的 $n+1$ 边形,即有一个顶点在某条边上而把此边一分为二. 这样它便是不等边的 $n+1$ 边形,由命题 1 显然有 $S_{\text{正}n\text{边形}} < S_{\text{正}n+1\text{边形}}$.

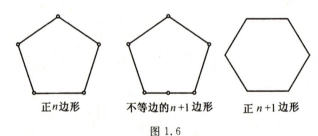

图 1.6

如果不太严格地讲,我们已经部分地论证了"等周定理",因为圆可视为周长一定边数不断增加的正多边形的极限情形.

至于它的严格证明,可参考有关文献(比如北京大学出版社出版的《等周问题与夫妇入座问题》).

上面我们看到利用刚体性质可以处理一类几何极

值问题,其实它还可以有效地模拟处理一些实际问题.与运筹学有关的所谓"货郎担问题"(又称"推销员问题"),是一种选择最佳路径的问题,下面的例子是它的简单情形,我们可用线段的"刚性"巧妙地给以解决.

例 2 八个城市 A,B,C,D,E,F,G,H 均匀地分布在地球上,且每相邻的三个城市间都有航线连通,它们之间的距离如图 1.7(a) 所标.有一位推销员想从 F 到 D 去,他应选择哪条路才最经济?(单位里程旅费都一样)

直接计算未尝不可,只是略繁.我们可以这样处理:

解 按图中尺寸截取 12 根细铁线,再绑成如图 1.7(a) 的样子,且在各顶点处粘一记号,分别写上 A,B,$\cdots$,H,然后一手拿住 F 点,一手拿住 D 点,轻轻拉紧,便成图 1.7(b) 的样子,其中最紧的一条:F—B—A—D 即为所求.它的道理读者不难想通:因为两点间直线段最短.

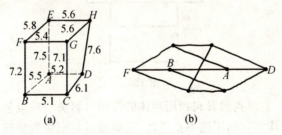

图 1.7

注 这个问题在"运筹学"(应用数学的一个分支)上称为"最短路问题",与之相关联的著名问题是"货郎担问题",也称"推销员问题".

当城市个数较多时(比如城市个数 $n=30$),按照现有的方

数学解题中的物理方法

法解决它,即便使用大型电子计算机也无能为力,因而这个问题在"运筹学"中属尚未解决的问题之一.

这里给出的模拟方法如能通过电子计算机去实现,或许是开拓性的.

蜘蛛吃苍蝇的问题为人们所熟知和喜欢. 问题是这样的:在一个长方体上 B 处落着一只苍蝇,与它邻接的面上 A 处有一蜘蛛(图 1.8),蜘蛛想吃掉苍蝇,当然希望找寻一条最短的路,应如何去找?

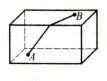

图 1.8

若把长方体表面看成刚性薄板,我们把它各面展开铺平后,在 A,B 间所连的线段即为所求(图 1.9),读者不难把这个问题还原回去.

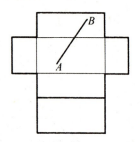

图 1.9

上面我们看到利用刚体的性质可解决一些极值问题,其实它的用途不止于此. 比如通过对刚体的旋转也可以解决一些其他类型的几何问题.

例 3 设 M,N 是正方形 $ABCD$ 边 BC,CD 的中点,连 AM,BN 相交于 F(图 1.10),试证:

(1) $S_{\triangle ABF} = S_{FMCN}$;

(2) $AM \perp BN$.

8

我们可以用三角形的全
等去证明这两个结论,但若
从另一角度考虑它们的证
明,不仅结论是显然的,而且
还可通过证明的剖析,将命
题推广、引申.

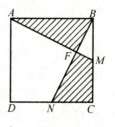

图 1.10

为此我们先证明一个
结论:

命题　设 O 和 l 分别是平面 M 上一个定点和一条
定直线. 今假设平面绕 O 旋转 α 角后,直线 l 旋转至 l'
位置[图 1.11(b)],试证 l 与 l' 的夹角为 α.

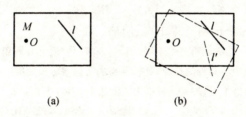

图 1.11

这个命题看上去似乎有些棘手,但只要你动动脑
筋,抓住问题的实质,把问题的形式变换一下,解答就
容易了.

设 AB 是 $\odot O$ 的一条弦(图 1.12),若圆绕 O 旋转
α 角,AB 旋转至 $A'B'$ 位置,求证 AB 与 $A'B'$ 的夹角
为 α.

证　连 $AO, A'O$,由题设 $\angle AOA' = \alpha$. 在 $\triangle AOD$
和 $\triangle A'CD$ 中:$\angle A = \angle A'$,$\angle ADO = \angle A'DC$(对顶
角),故 $\angle A'CD = \angle AOA' = \alpha$,即 AB 与 $A'B'$ 的夹角
为 α.

数学解题中的物理方法

下面回到我们的问题上来.

设 O 为正方形的中心,当正方形绕 O 旋转 $90°$(顺时针)时,△ABM 恰好旋转至 △BCN 位置,这样显然有:

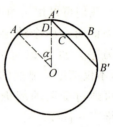

图 1.12

(1) △$ABM \cong$ △BCN,

从它们的面积等式中各减去 △BFM 的面积后,等式仍然成立,此即

$$S_{\triangle ABF} = S_{FMCN}$$

(2) BN 可视为 AM 顺时针旋转 $90°$ 后所得,故

$$AM \perp BN$$

这个证明显得干净、简洁.

注 从证明过程中可以看到该问题实质上是利用正多边形关于中心对称的性质,这样前面的命题便可稍加推广,如:

命题 1 若 M,N 分别为正五边形 $ABCDE$ 的边 BC,CD 的中点,连 AM,BN 交于 F,则 ①$S_{\triangle ABF} = S_{FMCN}$;②$AM$ 与 BN 的夹角为 $360°/5 = 72°$(图 1.13).

更一般的情形是:

命题 2 若 M,N 分别是正 n 边形 $A_1A_2\cdots A_n$ 的某相邻两边的等分点,连 A_kM,$A_{k+1}N$ 相交于点 F,则 ①$S_{\triangle A_kA_{k+1}F} = S_{FMA_{k+3}N}$;②$A_kM$ 与 $A_{k+1}N$ 的夹角为 $2\pi/n$(图 1.14).

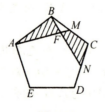

图 1.13

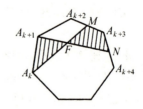

图 1.14

它们的证明,读者可仿上进行(若用纯几何办法证明,恐要稍稍费点事).命题2是显然的,若 M,N 不在正 n 边形相邻边上的时候,比如它们相隔 r 个顶点,那么自 A_k,A_{k+r} 与 M,N 的连线交于 F 后,也有与上面类似的结论,这些留给读者考虑.

下面再来看一个例子.

例 4 以 $\triangle ABC$ 三边为长各向三角形外作正三角形 BCX,CAY,ABZ,则三线段 AX,BY 和 CZ 彼此相等,且两两夹角均为 $60°$(见图 1.15).

证 $AX=BY=CZ$ 的证明并不困难,只须考虑一些三角形全等就可以了,比如

$$\triangle ABY \cong \triangle AZC$$

只须注意到 $AZ=AB$,$AY=AC$ 及 $\angle ZAC=\angle BAY$ 即可. 至于三线段两两夹角为 $60°$

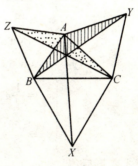

图 1.15

的证明用一般方法则稍嫌麻烦,但我们若想到:将 $\triangle ABY$ 绕 A 顺时针旋转 $60°$ 即为 $\triangle AZC$ 的位置,这就是说 BY,ZC 的夹角为 $60°$(其实 $BY=CZ$ 也可由此证得).

同理可证 $AX=BY$ 及其夹角为 $60°$ 等.

注 若某 $\triangle ABC$ 的某一内角大于或等于 $120°$,则图形稍有变化,但方法仍同上.

例 5 试证: xOy 平面上不存在三个顶点全是有理点(两个坐标都是有理数的点)的正三角形.

证 若不然,设 $\triangle OAB$ 的各顶点均为有理点的正三角形,且设 $A(x_1,y_1),B(x_2,y_2)$(图 1.16).

把 $\triangle OAB$ 视为刚体,且令其绕 O 逆时针旋转 $60°$,

数学解题中的物理方法

此时 A 旋转至 B 处,由坐标变换公式应用

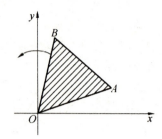

图 1.16

$$\begin{cases} x_2 = x_1 \cos 60° - y_1 \sin 60° \\ y_2 = x_1 \sin 60° + y_1 \cos 60° \end{cases}$$

即

$$\begin{cases} x_2 = \frac{1}{2}x_1 - \frac{\sqrt{3}}{2}y_1 \\ y_2 = \frac{\sqrt{3}}{2}x_1 + \frac{1}{2}y_1 \end{cases}$$

将上式变形后得

$$\begin{cases} \sqrt{3}\,x_1 = 2y_2 - y_1 \\ \sqrt{3}\,y_1 = x_1 - 2x_2 \end{cases}$$

在上两式中,右端均为有理数,而左端仅当 $x_1 = y_1 = 0$ 时(x_1, y_1 是有理数)才是有理数,与假设矛盾.

注 本题也可直接用反证法去证.

略证 1 设 $\triangle ABC$ 三顶点坐标分别为 $A(x_1, y_1)$,$B(x_2, y_2)$,$C(x_3, y_3)$,由

$$S_{\triangle ABC} = \frac{1}{2}\begin{vmatrix} x_1 & y_1 & 1 \\ x_2 & y_2 & 1 \\ x_3 & y_3 & 1 \end{vmatrix}$$

的绝对值,知它是有理数. 又

$$S_{\triangle ABC} = \frac{1}{2}AB^2 \sin 60° = \frac{\sqrt{3}}{4}\left[(x_2 - x_1)^2 + (y_2 - y_1)^2\right]$$

是无理数,显然矛盾.

第1章 刚性变换与压缩变换

略证 2 设 $\angle AOx = \theta$,且 $r = \sqrt{x_1^2 + y_1^2}$,B 的坐标为 (x_2, y_2),则

$$x_2 = r\cos(\theta + 60°), y_2 = r\sin(\theta + 60°)$$

即

$$x_2 = \frac{1}{2}(x_1 - \sqrt{3}y_1), y_2 = \frac{1}{2}(\sqrt{3}x_1 + y_1)$$

因为 x_2, y_2 是有理数,所以 $x_1 = y_1 = 0$.这是不可能的.

从注中可以看到:这个问题不用刚体旋转也可解,但有些问题则不然.

例 6 设 P 为正 $\triangle ABC$ 内任一点,它到三顶点 A,B,C 的距离分别是 a, b, c,试证:

$$S_{\triangle ABC} = \frac{\sqrt{3}}{8}(a^2 + b^2 + c^2) + \frac{3}{2}\sqrt{p(p-a)(p-b)(p-c)}$$

其中 $p = (a + b + c)/2$.

把 $\triangle ABP, \triangle CAP, \triangle CBP$ 均视为刚体.

证 将 $\triangle ABP$ 绕 A 顺时针旋转 $60°$ 至 $\triangle ACE$ 的位置,将 $\triangle CAP$ 绕 C 顺时针旋转 $60°$ 至 $\triangle CBD$ 的位置,将 $\triangle BCP$ 绕 B 顺时针旋转 $60°$ 至 $\triangle BAF$ 的位置(见图 1.17),则

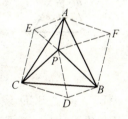

图 1.17

$$S_{AECDBF} = 2S_{\triangle ABC}$$

连 PD, PE, PF,易证 $\triangle PDB \cong \triangle FAP \cong \triangle CPE$,且每个三角形三边分别为 a, b, c,又 $\triangle AEP$,$\triangle PBF, \triangle PCD$ 都是等边三角形,它们边长分别为 a, b, c.

上述六个小三角形的面积之和与 S_{AECDBF} 相等,

数学解题中的物理方法

因而

$$S_{AECDBF} = 3\sqrt{p(p-a)(p-b)(p-c)} + \frac{\sqrt{3}}{4}(a^2+b^2+c^2)$$

这里 $p=(a+b+c)/2$. 从而

$$S_{\triangle ABC} = \frac{1}{2}S_{AECDBF} = \frac{\sqrt{3}}{8}(a^2+b^2+c^2) + \frac{3}{2}\sqrt{p(p-a)(p-b)(p-c)}$$

下面这道题是美国第三届数学奥林匹克竞赛（1974 年）中的一道题目.

例 7 在如图 1.18 所示的 $\triangle ABC$ 和 $\triangle PQR$ 中，各线长如图所示，且在 $\triangle ABC$ 中，$\angle ADB = \angle BDC = \angle CDA = 120°$. 试证：$x = u+v+w$.

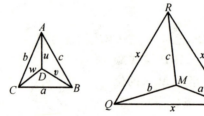

图 1.18

证 将 $\triangle BCD$ 绕点 B 逆时针方向旋转 $60°$ 至 $\triangle BEF$ 位置，则 $\triangle BDE$ 和 $\triangle BCF$ 均为等边三角形. 因而 $DE=v, CF=BF=a$，且 $\angle DEF=180°$，则 A,D,E,F 共线，同时 $AF=u+v+w$.

以 AF 为一边作正 $\triangle AFG$（图 1.19），可证 $\triangle BFG \cong \triangle CFA$，所以 $BG=AC=b$，则 $\triangle AFG$ 即为 $\triangle PQR$. 即

$$x = u+v+w$$

注 此题构思甚巧，因此人们常利用其结论和证明方法，

去拟造一些竞赛题,请看下述各题.

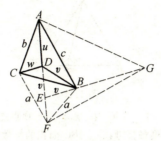

图 1.19

问题 1 P 是等边 $\triangle ABC$ 内一点,又 $\angle APB, \angle BPC,$ $\angle CPA$ 的大小之比是 $5:6:7$,则以 PA, PB, PC 的长为边的三角形三个内角的大小之比是( )(从小到大).

(A)$2:3:4$　　(B)$3:4:5$

(C)$4:5:6$　　(D)不能确定

(全国部分省市初中数学通讯赛题,1988)

解 由题设知 $\angle APB = 100°, \angle BPC = 120°, \angle CPA = 140°$.

由前面题目证明可知,以 PA, PB, PC 的长为边的三角形三内角分别为(注意对比观察一点各角的关系)

$$100° - 60°, 120° - 60°, 140° - 60°$$

即 $40°, 60°, 80°$,则它们的比为 $2:3:4$,故选(A).

问题 2 在正 $\triangle ABC$ 中,P 为 BC 边上一点,以 AP, BP, CP 为边组成的新三角形的最大内角为 θ,则（　　）.

(A)$\theta \geq 90°$　(B)$\theta \leq 120°$　(C)$\theta = 120°$　(D)$\theta = 135°$

(安徽省安庆等市县初中数学竞赛题,1991)

解 显然,P 在 BC 边上可视为 P 在 $\triangle ABC$ 内的极端情形或特例.

这样由上题结论知 P 与三角形三顶点连线夹角为 $\alpha, \beta,$ $180°$(图 1.20),因而以 PA, PB, PC 为边的三角形最大的内角为 $180° - 60° = 120°$,故选(C).

数学解题中的物理方法

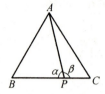

图 1.20

问题 3 等边 $\triangle ABC$ 内一点 P 与三顶点连线 $PA = 6, PB = 8, PC = 10$. 则最接近该 $\triangle ABC$ 面积的整数是( ).

(A)159 　　(B)131 　　(C)95 　　(D)79 　　(E)50

(第 18 届美国高中数学考试题,1967)

解 由例 1.7 可知 $a = 6, b = 8, c = 10$(图 1.21),问题关键在于求出 u, v, w. 而

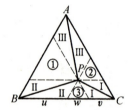 

图 1.21

$$S_{\triangle ABC} = 2(S_{\triangle\text{I}} + S_{\triangle\text{II}} + S_{\triangle\text{III}}) + (S_{\triangle①} + S_{\triangle②} + S_{\triangle③}) = 2S_{\triangle HFG} + \frac{\sqrt{3}}{4}(u^2 + v^2 + w^2)$$

而 $\triangle HFG$ 为直角三角形(因为 $10^2 = 6^2 + 8^2$),则

$$S_{\triangle HFG} = \frac{1}{2} \cdot 8 \cdot 6 = 24$$

又在 $\triangle OHF, \triangle OFG, \triangle OGH$ 中分别用余弦定理有(注意 $\angle HOF = \angle FOG = \angle GOH = 120°$)

$$\begin{cases} u^2 + w^2 + uw = 10^2 & ① \\ v^2 + w^2 + vw = 6^2 & ② \\ u^2 + v^2 + uv = 8^2 & ③ \end{cases}$$

第1章 刚性变换与压缩变换

式①+式②+式③ 有
$$2(u^2+v^2+w^2)+uv+vw+wu=200$$
则由排序不等式知
$$uv+vw+wu\leqslant u^2+v^2+w^2$$
有 $2(u^2+v^2+w^2)\leqslant 200\leqslant 3(u^2+v^2+w^2)$

即 $\dfrac{200}{3}\leqslant u^2+v^2+w^2\leqslant 100$

则 $48+\dfrac{\sqrt{3}}{4}\cdot\dfrac{200}{3}\leqslant S_{\triangle ABC}\leqslant 48+\dfrac{\sqrt{3}}{4}\cdot 100$

即 $76.9\leqslant S_{\triangle ABC}\leqslant 91.3$,故选(D).

下面再看一个例子.

例 8 已知六边形 $ABCDEF$ 中,$\angle A=\angle C=\angle E=120°$,又 $AB=AF,CB=CD,ED=EF$. 试证 $\triangle ACE$ 为正三角形.

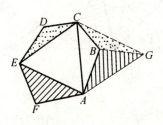

图 1.22

证 将 $\triangle FAE$ 视为刚体而绕 A 旋转 $120°$(顺时针),AF 与 AB 重合而至 $\triangle ABG$ 处,连 CG(见图 1.22).

因为 $\angle A=\angle C=\angle E=120°$
所以 $\angle D+\angle F+\angle B=4\times 180°-3\times 120°=360°$
又 $DE=EF=BG,DC=BC$
故若再将 $\triangle DEC$ 视为刚体绕 C 逆时针旋转 $120°$ 可恰为 $\triangle BGC$ 的位置.

由 $AE=AG,EC=CG,AC=AC$ 知 $\triangle ACE\cong\triangle ACG$. 故有
$$\angle EAC=\angle CAG=\dfrac{1}{2}\angle EAG=\dfrac{1}{2}\cdot 120°=60°$$

$$\angle ECA = \angle ACG = \frac{1}{2}\angle ECG = \frac{1}{2} \cdot 120° = 60°$$

所以 △AEC 为正三角形(三个内角全为 60°).

最后我们来看一个利用旋转变换解一个著名的极值问题——费马(Fermat)问题(这个问题我们后面还要讨论).

例9 若 P_0 是锐角三角形 ABC 内一点,且它到三顶点连线相邻两线的夹角为 120°,则 P_0 是 △ABC 内到三顶点距离之和最小的点[①].

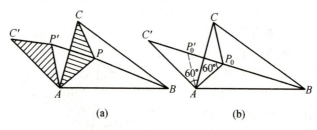

图 1.23

证 令 P 为 △ABC 内任一点,将 △APC 绕 A 逆时针旋转 60° 至 △AP'C' 位置,易证 △APP' 是等边三角形[图 1.23(a)].

从而 $PA + PB + PC = PP' + PB + P'C'$,即折线 $BPP'C'$ 的长为 P 至 △ABC 三顶点距离之和,且 C' 位置与 P 的位置无关.因而 B 到 C' 最短距离为它们的连

图 1.24

---

① 显然这种点(我们称它为**费马点**)的作出是不成问题的:我们只须以 △ABC 任两边为长向形外作两等三角形,它们的外接圆交点 P 即为所求(图 1.24).

线段,故 P_0 必在 BC' 上,且由 $\angle AP_0C' = 60°$ 来确定[图 1.23(b)]. 从而 $\angle AP_0B = 120°$.

类似地可证 $\angle BP_0C = \angle CP_0A = 120°$.

注 这个证法是霍夫曼(J. E. Hofmann)1929 年首先给出的,匈牙利数学家加莱(T. Gallai)及其他人也曾各自独立地给出它的证明.

同时还要指出,这样的直线段 BC' 是存在的,这只须作正 $\triangle ACC'$ 的外接圆,它与 BC' 的交点 P 即为所求(图 1.25).

由此解法我们还可以得到一个结论:由于 $\triangle ABC$ 三个顶点地位相同,故线段 AA',BB',CC' 等长(都等于 $PA+PB+PC$ 的最小值),且在费马点 P 处共点,同时彼此交成 $60°$ 的角.(图 1.26,此命题还可用复数去证)

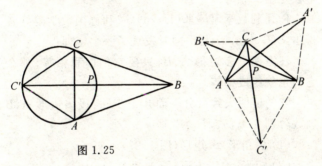

图 1.25　　　　　图 1.26

上面的这些例子和方法虽是比较独特的(它也体现着拟题者的匠心),但这对启迪我们的思维,开阔我们的眼界却是大有益处的.

类似的例子,在几何中是屡见不鲜的.

我们还想指出一点:与之相关的问题还有另一类,即刚性与图形组成相等问题. 我们知道:几何图形的长度、面积、体积等都是一种测度,面积是在人们规定了面积单位(即 1×1 的正方形)之后对几何图形测度的一种度量.

面积相等的几何图形叫做等积形.

三角形可以和三角形等积,也可以和四边形、n 边形等积,还可以和圆以至其他不规则图形等积.

利用等积变换,人们可以证明许多几何定理,比如勾股定理的证明就有多种是用等积变换进行的.下面我们介绍另一个概念.

若把图形 A 经过有限次切割可以拼成图形 B,则称 A 与 B 组成相等,且记成 $A \simeq B$.

"面积相等"和"组成相等"并不是一回事.面积相等的图形不一定组成相等,例如等积的圆与三角形就不会是组成相等.

匈牙利数学家鲍耶(J. Bolyai)和德国数学爱好者盖尔文(Gerwien)几乎同时发现了一个定理:

任意两个多边形 A,B,只要它们面积相等,那么它们也就组成相等.

它的证明大致可分下面几个步骤:设多边形 A,B 边数分别为 m,n,则

(1) 三角形 $\simeq$ 矩形(图 1.27).

(2) 矩形 $\simeq$ 正方形(图 1.28).

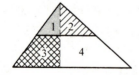 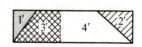

图 1.27

(3) n 边形 A 可分割成 $n-2$ 个三角形.

由三角形 $\simeq$ 正方形,而两个正方形 $\simeq$ 大正方形(图 1.29)……这样,$A \simeq$ 大正方形.同理 $B \simeq$ 大正方

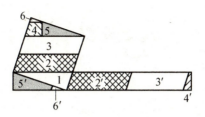

图 1.28

形. 只要 $S_A = S_B$,必有 $A \simeq B$.

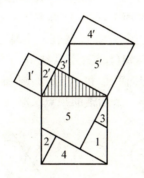

图 1.29

有趣的是,这个结论推广到空间即"两个等体积的多面体组成相等"(它是著名的希尔伯特第 3 问题)却不成立,它由希尔伯特(D. Hilbert)的学生、数学家戴恩(M. Dehn)于 1900 年所解决.

我们再来看一个利用球的刚性解平面几何问题的精彩例子.

例 10 在平面上任作三个半径各不相等且又互不相交的圆,过其中的每两个圆都作它们的两条外公切线,则这三对外公切线的交点必共线(图 1.30).

分析 若把三个圆看成放在平面 M 上的三个球(半径分别同三个圆),则原来的三对外公切线现在可

数学解题中的物理方法

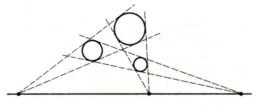

图 1.30

相当于三个圆锥的母线,而这三个圆锥中的每一个都正好含有两个内切于它的球.又由于这三个圆锥均躺在承受三球的平面上,故此三圆锥顶点必在此平面上.

我们再用一个平面 N 放在三个球上,它正好也分别与这三个球相切(注意:不共线的三个点,可以确定一个平面),因而也和这三个圆锥侧面都相切(图 1.31).这样三个圆锥的顶点又必在平面 N 内.

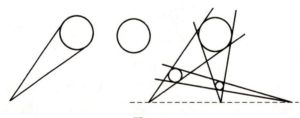

图 1.31

由于三圆锥的三个顶点同时在平面 M 内,又同时在平面 N 内,而平面 M 和平面 N 相交,故它们必在 M,N 的交线上.而圆锥的三顶点,即为三个圆的三对外公切线的交点(当然也可视为它们在平面 M 内的正投影).

注 这个问题的解法是美国科内大学工程系教授威斯特给出的,如果用纯几何方法去证,恐怕要困难得多(须连辅助线.稍高观点的证法(相似中心理论)可见上海科技出版社出版的法国数学家 J. 阿达玛的名著《初等几何教程》上册第 130 - 132 页).

它的思想与射影几何学中笛沙格(G. Desargues)定理(位于两相交平面上的两个三角形,若其对应顶点连线交于一点,则其对应边的交点共线)的证明酷似(图 1.32).

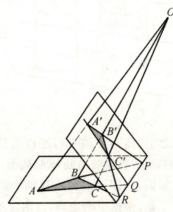

图 1.32

沿着刚体变换的思路思考下去,我们不禁想到了一些立体几何体积公式的证明,为了得到这些结论,我们先介绍一下"祖暅定理"[国外又称卡瓦雷利(B. Cavalieri)原理,图 1.33]:

夹两平行平面(M 与 N)间的立体,若被任意平行于两平面的平面(X)相截所得截面(S_1 和 S_2)面积相等,则两立体体积也相等.

我们来求半径为 r 的球体积公式. 在图 1.34 中,左边是一个半径为 r 的半球,右边是一个半径与高均为 r 的圆柱再除掉一个圆锥后所余的立体图形,该圆锥的底是圆柱的上底,而其顶点则是圆柱下底的中心. 半球与凿空的圆柱都摆放在公共水平平面上. 现在我们用

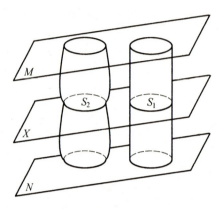

图 1.33

一个位于底面之上、高为 h 的平行平面去截这两个立体，它将分别割出一个圆形与圆环形截面（图 1.34），利用初等几何知识，立即可以得出这两个截面积都等于 $\pi(r^2-h^2)$. 于是，根据祖暅定理，这两立体必具有相等的体积. 这样，球体积可用下法算出：

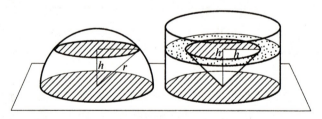

图 1.34

$$V = 2 \cdot (\text{圆柱体积} - \text{圆锥体积}) =$$
$$2\left(\pi r^3 - \frac{1}{3}\pi r^3\right) = \frac{4}{3}\pi r^3$$

当然，解题的诀窍在于找出一个已知体积或便于求出体积的"比较的立体"（在此例，它是一个凿空圆柱），它称为半球的"卡瓦雷利合同体".

第 1 章 刚性变换与压缩变换

下面让我们来求球环的体积,它是从一个半径为 r 的实心球体中凿出一个与球的南北极同轴,且其半径为 a 的圆柱形孔的剩余部分(图 1.35 的左面部分).

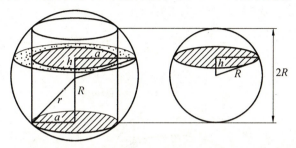

图 1.35

设有一球,其直径等于该球环的高 ($2R = 2\sqrt{r^2 - a^2}$),且球心与球环的中心位于同一水平面上(图 1.35 的右面部分). 现从距两立体中心为 h 处作一水平平面来截两立体. 此时,球环的截面为一圆环状区域,其面积等于
$$\pi(r^2 - h^2) - \pi a^2 = \pi(r^2 - a^2 - h^2)$$
而球的截面是一个圆,其面积等于
$$\pi(R^2 - h^2) = \pi(r^2 - a^2 - h^2)$$
于是,由祖暅定理可知,球环体积 V 与半径为 R 的球体积相等,即
$$V = \frac{4}{3}\pi R^3 \quad (R = \sqrt{r^2 - a^2})$$

有意思的是,凡是有相同高度的所有球环都具有相同的体积而与该环的半径无关.

关于祖暅定理的平面情形:

夹在两平行直线间的两平面图形,若用平行于两平行直线的直线相截,所得截线段长处处比值相等(设

为 k),则这两平面图形的面积比也为 k.

利用它也可以求解一些复杂几何图形的面积(详见本节习题). 比如依据此原理,我们可通过图 1.36 求出椭圆面积,注意到图中 $m:n=a:b$,从而

$$S_{椭圆} = \frac{b}{a} \cdot S_{圆} = \frac{b}{a} \cdot \pi a^2 = \pi ab$$

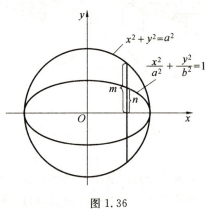

图 1.36

1.2 压缩变换

讲到物体的刚性,人们自然会想到物体的弹性,进而会想到伸、缩变换. 它在数学上是否也会有应用? 我们先来看一个故事.

1859 年爱尔兰数学家哈密顿(W. R. Hamilton)提出一个有趣的问题:20 个城市均匀地分布在地球上,每个城市都有三条航线与其毗邻城市相接. 一个旅行家打算不重复地游览每一个城市后,再回到他的出发地,旅行路线应该怎样安排?

第 1 章　刚性变换与压缩变换

这条路线直接去找是不方便的. 我们可把问题先简化一下：把 20 个城市视为正 12 面体的顶点，把 12 面体的棱视为与毗邻城市相接的航线[图 1.37(a)]，但从 12 面体上去找仍不方便.

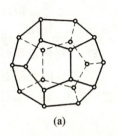 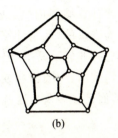

　　(a)　　　　　　　(b)

图 1.37

我们还可以把 12 面体想象为橡皮膜做的，那么我们便可沿它的某一个面把它拉开、展平，成为一个平面图形[图 1.37(b)]，这样，我们便很容易从图中找出旅行家的路线(图中粗线所示).

这种变换叫拓扑变换，这个平面图叫西格尔(C. L. Siegel)图，它是以德国数学家西格尔的名字命名的，数学家欧拉(L. Euler)正是用这种方法证明了多面体关于顶点数(V)、面数(F)和棱数(E)的著名公式：

数学解题中的物理方法

$$V+F-E=2①$$

这里的变换还是异于伸缩变换(它忽略了变换前后的量的关系,而只是对它的结构感兴趣),下面我们来考虑另一类问题.

通常计算椭圆内接(或外切)多边形面积极值问题是较为麻烦的,就是计算椭圆内接或外切三角形极值问题也并非轻而易举.但我们知道:椭圆是圆经过压缩变换得到的,而圆内切或外接多边形极值问题较易解决(前面已经涉及),这就使我们想到:能否通过压缩

---

① 欧拉公式证法很多,下面给出其中一种,另外可见本节习题.

首先将多面体的顶点适当变换到一个球面上(图1.38),且称它们为结点,再将各结点连接起来,它们将球面分成 f 个区域.每个区域对应多面体的一个面,这样结点数、连线数、区域数分别为 v,e,f.

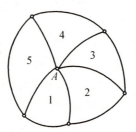

图 1.38

在球面任取一结点 A,若从 A 出发有 k 条连线,把球面分成 k 个区域.若将 A 及连线去掉时,球面结点数、连线数、区域数分别减少 $1,k,k-1$,这样,

$$(v-1)+[f-(k-1)]-(e-k)=v+f-e$$

如此下去总有

$$结点数+区域数-连线数=v+f-e$$

当进行 $v-1$ 次后,球面仅剩下一个结点,这时区域数为1,连线数为0,即

$$v+f-e=1+1-0=2$$

变换，将椭圆中的问题化为圆的问题来处理呢（图 1.39）？

为此我们先考虑一个引理：

引理 平面上的三角形经过压缩变换

$$\begin{cases} x' = x, \\ y' = ky, \end{cases} (k > 0) \quad (1.3)$$

图 1.39

所得到的新三角形的面积 S' 与原来三角形的面积 S 之比为 k．

证 如图 1.40，设 $\triangle ABC$ 的顶点坐标分别为 $A(x_1, y_1), B(x_2, y_2), C(x_3, y_3)$，

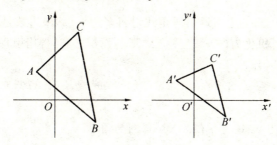

图 1.40

由

$$S_{\triangle ABC} = \frac{1}{2} \begin{vmatrix} x_1 & y_1 & 1 \\ x_2 & y_2 & 1 \\ x_3 & y_3 & 1 \end{vmatrix} \text{的绝对值}$$

经过压缩变换（1.3）得到的 $\triangle A'B'C'$ 的顶点若为

$A'(x'_1, y'_1), B'(x'_2, y'_2), C'(x'_3, y'_3)$,显然有 $x'_i = x_i, y'_i = ky_i (i=1,2,3)$,从而

$$S_{\triangle A'B'C'} = \frac{1}{2} \begin{vmatrix} x'_1 & y'_1 & 1 \\ x'_2 & y'_2 & 1 \\ x'_3 & y'_3 & 1 \end{vmatrix} \text{的绝对值} =$$

$$\frac{1}{2} \begin{vmatrix} x_1 & ky_1 & 1 \\ x_2 & ky_2 & 1 \\ x_3 & ky_3 & 1 \end{vmatrix} \text{的绝对值} =$$

$$\frac{k}{2} \begin{vmatrix} x_1 & y_1 & 1 \\ x_2 & y_2 & 1 \\ x_3 & y_3 & 1 \end{vmatrix} \text{的绝对值}$$

故 $S'/S = k$.

命题 平面上任意多边形经过压缩变换(1.3)所得到的新多边形的面积 S' 与原多边形面积 S 之比为 k.

证 适当地引对角线可将多边形(如果边数是 n)的面积化为 $(n-2)$ 个三角形的面积之和,再用引理即可证得.

系 若 $S_{多边形 I} \geqslant S_{多边形 II}$,经过变换(1.3)后仍有 $S_{多边形 I'} \geqslant S_{多边形 II'}$,其中多边形 I′, II′ 分别是多边形 I, II 经过变换(1.3)后得到的图形.

有了上面的命题,我们便可处理一些椭圆内接(或外切)多边形的极值问题了. 我们知道:内接或外切图形经过压缩变换(1.3)后仍是内接或外切情形,且切、接点不变,下面看几个例子.

例 11 已知椭圆 $\dfrac{x^2}{a^2} + \dfrac{y^2}{b^2} = 1$,求

(1) 内接于它的三角形面积的极大值;

(2) 外切于它的三角形面积的极小值.

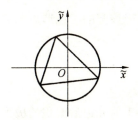 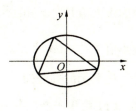

图 1.41

解 (1) 我们可以把椭圆 $\dfrac{x^2}{a^2}+\dfrac{y^2}{b^2}=1$ 看成圆
$$\tilde{x}^2+\tilde{y}^2=a^2$$
经过压缩变换
$$\begin{cases} x=\tilde{x} \\ y=k\tilde{y} \end{cases}\quad (\text{其中 } k=\dfrac{b}{a})$$
而得到的(图 1.41).

而圆 $\tilde{x}^2+\tilde{y}^2=a^2$ 的内接三角形面积极大值
$$\tilde{S}_{\max}=3\sqrt{3}a^2/4$$
由前面的命题知道,内接于椭圆 $\dfrac{x^2}{a^2}+\dfrac{y^2}{b^2}=1$ 的三角形面积的极大值为
$$S_{\max}=k\tilde{S}_{\max}=3\sqrt{3}ab/4$$
(2) 同理可求得外切于椭圆的三角形面积的极小值为
$$S_{\min}=3\sqrt{3}ab$$

例 12 已知椭圆 $\dfrac{x^2}{a^2}+\dfrac{y^2}{b^2}=1$,求

(1) 它的内接 n 边形面积的极大值;

(2) 外切 n 边形面积的极小值.

解 我们知道,内接于圆 $x^2+y^2=a^2$ 的 n 边形面积的极大值是 $\frac{n}{2}a^2\sin\frac{2\pi}{n}$,外切于该圆的 n 边形面积的极小值为 $\frac{n}{2}a^2\tan\frac{\pi}{n}$.

仿上例的办法知:

(1) 内接于椭圆 $\frac{x^2}{a^2}+\frac{y^2}{b^2}=1$ 的 n 边形面积的极大值为 $\frac{n}{2}ab\sin\frac{2\pi}{n}$;

(2) 外接于椭圆 $\frac{x^2}{a^2}+\frac{y^2}{b^2}=1$ 的 n 边形面积的极小值为 $\frac{n}{2}ab\tan\frac{\pi}{n}$.

注 从上面的分析与做法可以看出:椭圆的内接或外切极值多边形有无数个(指形状),而圆内接或外切极值多边形则唯一(指形状),这只须考虑从圆的不同角度去实施压缩变换可得到不同形状的椭圆内接或外切多边形.对于压缩前的极值情形,压缩后仍为极值情形(当然这里的压缩系数或比例系数相同).

上面的方法可以推广到求空间椭球内接或外切多面体体积的极值问题,这留给有兴趣的读者去考虑.

利用压缩变换除了可解某些极值问题外,还可以解一些其他问题.

例 13 设椭圆 $\frac{x^2}{a^2}+\frac{y^2}{b^2}=1$ 的一对共轭直径①长分别为 p 和 q,其夹角为 α,则 $pq\sin\alpha$ 为定值.

---

① 平行于给定向量 t 的椭圆弦的中点轨迹称为与向量 t 共轭的直径.若与 t 共轭的直径为 m,则与 m 共轭的直径 n 必平行于向量 t,这样一对直径 m,n 称为椭圆的一对共轭直径.

在证明此结论之前,我们先考虑这样一个事实:

在压缩变换下,圆的每一对互相垂直的直径变为椭圆的一对共轭直径;反之,椭圆的每一对共轭直径总可以通过延伸变换变成圆的一对互相垂直的直径.

证 设 AC,BD 为椭圆的一对共轭直径,且 $AC=p,BD=q$,其夹角为 α(图 1.42),这样,

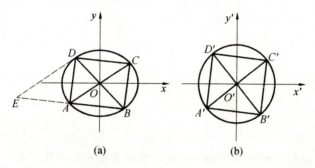

图 1.42

$$pq\sin\alpha = 2S_{\triangle EDB} = 8S_{\triangle OAD}$$

由椭圆变成圆的压缩变换,压缩系数若为 k,圆的半径为 a,且 $\angle AOD$ 变为 $90°$ 的角[图 1.42(b)].

由前述命题有
$$S_{\triangle A'O'D'} = kS_{\triangle OAD} = a^2/2$$
从而
$$S_{\triangle OAD} = a^2/2k$$
故
$$pq\sin\alpha = 4a^2/k$$

此外对于某些圆锥曲线的问题,也可以利用伸缩变换去解.我们举一个例子说明.

例 14 求证:任意双曲线的任一切线与其两渐近线围成的三角形的面积为定值.

证 设双曲线方程为 $\dfrac{x^2}{a^2} - \dfrac{y^2}{b^2} = 1$,考虑压缩变换

$$\begin{cases} \tilde{x}=x \\ \tilde{y}=ky \end{cases} \quad (其中 k=\frac{a}{b})$$

这时双曲线变成等轴双曲线(图 1.43)

$$\tilde{x}^2-\tilde{y}^2=1$$

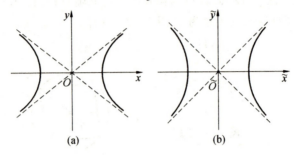

图 1.43

而等轴双曲线的任一切线与其两条渐近线所围成的三角形的面积为定值. 这样一来,我们只须考虑等轴双曲线 $xy=c$ 即可(它是由前者绕坐标原点旋转 $45°$ 而成,注意到旋转变换不改变三角形的面积).

$xy=c$ 的渐近线即为 x 轴和 y 轴,这时考虑起来,问题简化多了(它的证明留给读者).

由等轴双曲线的任一切线与其两渐近线所围成的三角形的面积为定值,而非等轴双曲线 $\frac{x^2}{a^2}-\frac{y^2}{b^2}=1$ 可通过压缩变换变为等轴双曲线,它们变换前后三角形的面积之比为压缩系数 k,从而可知:非等轴双曲线的任一切线与其两渐近线所围成的三角形的面积为定值.

当然还有可以利用压缩变换去解的圆锥曲线的问题,读者是不难发现的.

顺便讲一句:上述变换的推广情形,几何上称之为

第1章 刚性变换与压缩变换

仿射变换的变换是由点(x,y)到(x',y')的变换,这里
$$x'=ax+by+e, \quad y'=cx+dy+f$$
由于这种变换的某些性质(如内接性不变、变换前后两形面积比不变等),常可用它去解某些几何问题,特别是某些极值问题.限于篇幅,这里不多谈了.

习　题

1. 在 $\triangle ABC$ 中,$AB=AC$,D 为三角形内一点,又 $\angle ADB > \angle ADC$,求证 $DC > DB$(图 1.44).

[提示:将 $\triangle ABD$ 旋转至 $\triangle ACD'$ 的位置.]

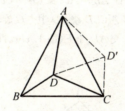

图 1.44

2. 如图 1.45 所示,AE 为正方形 $ABCD$ 内一直线,AF 平分 $\angle EAB$.求证 $BF = AE - DE$.

[提示:将 $\triangle ABF$ 旋转至 $\triangle ADF'$ 的位置.]

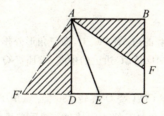

图 1.45

3. 在 $\triangle ABC$ 外以边 AB,AC 为长作两个正方形 $ABEF$ 和 $ACGH$(图 1.46),试证 $BH \perp CF$.

[提示:将 △ACF 绕 A 逆时针旋转 90° 可至 △AHB 的位置.]

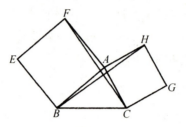

图 1.46

4. 凸四边形 ABCD 中,已知 ∠ABD > ∠CDB,且 ∠ADB > ∠CBD,求证 AB + AD > CB + CD.

[提示:连 BD,将 △CBD 绕 BD 中点 O 旋转 180° 至 △EDB 处,连 CE 且延长 BE 交 AD 于 F(图 1.47),再从三角形角边关系考虑去证.]

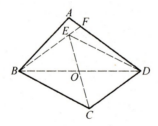

图 1.47

5. 在 △ABC 的边 AB, AC 上,向三角形外作正方形 ABMN 和 ACPQ,又设 AD 是 BC 边上的中线,求证:NQ = 2AD,且 NQ ⊥ AD.

[提示:将 △CDA 绕 D 旋转 180° 至 △BDE 的位置,可证 BE ⊥ AQ,再将 △ABE 绕 A 旋转 90°,然后平移可至 △NAQ 处(图 1.48),则 NQ ⊥ AE.]

6. 六边形 ABCDEF 内接于一圆,它的边 AB, CD, EF 等于圆的半径.试证:六边形 ABCDEF 其他三边的中点是正三角形

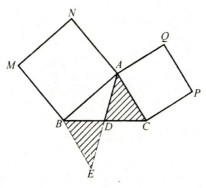

图 1.48

的三个顶点.

注 此题还可以推广为:

命题 1 若 $\triangle OAB, \triangle OCD, \triangle OEF$ 是三个等边三角形(它们顶点的环绕方向相同),则以线段 FA, BC, DE 的中点为顶点的三角形是等边三角形(图 1.49).

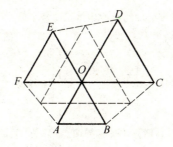

图 1.49

命题 2 若平面上给定了相似三角形 $\triangle A_1A_2A_3$,$\triangle B_1B_2B_3, \triangle C_1C_2C_3$(具有相同角标的顶点彼此相应),且这些三角形顶点环绕方向一致,则 $\triangle A_1B_1C_1, \triangle A_2B_2C_2$,$\triangle A_3B_3C_3$ 重心为顶点的三角形与原三角形相似(图 1.50).

7. 若 F, V 和 E 分别表示多面体面数、顶点数和棱数,则 $F + V - E = 2$(欧拉公式).

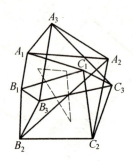

图 1.50

[提示:用数学归纳法考虑.]

8.(1) 求内接于椭圆的四边形面积的极大值.

(2) 四边形 $ABCD$ 内接于椭圆 $\dfrac{x^2}{16}+\dfrac{y^2}{25}=1$,且 A 点的坐标为 $(4,0)$,C 点的坐标为 $(0,5)$,求四边形 $ABCD$ 的最大面积.

[答:(2) $20\sqrt{2}$].

9. 求内接于椭球 $\dfrac{x^2}{a^2}+\dfrac{y^2}{b^2}+\dfrac{z^2}{c^2}=1$ 的六面体体积的最大值,且求外切于该椭球的六面体体积的最小值.

[提示:顶点为 $P_i(x_i,y_i,z_i),i=1,2,3,4$ 的四面体体积为

$$V=\frac{1}{6}\begin{vmatrix} x_1 & y_1 & z_1 & 1 \\ x_2 & y_2 & z_2 & 1 \\ x_3 & y_3 & z_3 & 1 \\ x_4 & y_4 & z_4 & 1 \end{vmatrix}$$ 的绝对值]

10. 设 U,V 是椭圆上的相异两点,M 是 UV 的中点,又 AB,CD 是过 M 的椭圆的另外两条弦.若直线 UV 与直线 AC 交于 P 且与直线 BD 交于 Q(图 1.51),证明 M 为线段 PQ 的中点.

[提示:先考虑圆的情形,即将椭圆沿纵轴延伸,化为圆内图形.再从 P,Q 分别向 AB,CD 作垂线,应用相似三角形性质,可证得 $PM^2:MQ^2=(CP\cdot PA):(BQ\cdot QD)=(UP\cdot PV):(UQ\cdot QV)=1$,再还原回椭圆即得证.注意到伸缩变换不改变同方向两线段的比值.]

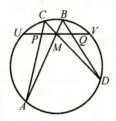 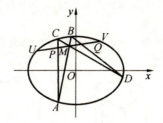

图 1.51

11. 证明一个正六边形、六个正方形及六个等边三角形可组成一个正 12 边形.

[**提示**：正方形外边放正六边形，中间夹正三角形.]

12. 试求图 1.52 中 A,B 之间的最短路程（沿表面）.

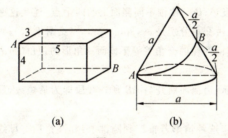

(a)　　　　　(b)

图 1.52

13. 试求图 1.53 中 A,B 之间的最短路程（图中的线代表道路，旁边的数字代表该段路程的长）.

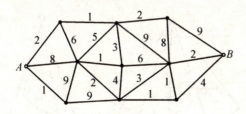

图 1.53

14. A,B 为五棱柱（或任意 n 棱柱）两条棱上的两点（图

1.54),试求它的最短线,且用展开法证明最短线与棱之间有等角性质.

注 这个结论可推广到圆柱的情形,此时最短线是螺旋线.

 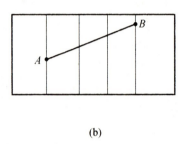

(a)   (b)

图 1.54

15. 设 A,B 是棱锥不同侧面上的两个点,连接这两点的最短线与各棱交角分别是 $\alpha_1,\beta_1,\alpha_2,\beta_2,\cdots$(见图 1.55),则最短线与某一侧面两棱的交角差等于该面三角形的顶角(如 $\alpha_2-\beta_1=\gamma_1$ 等).

〔提示:沿侧面展开与 AB 所连线段即为最短线,显然它有等角性质.〕

注 这种情形若推广到圆锥上:和圆锥所有母线交成等角 α 的曲线叫螺旋线(图 1.56). $\alpha=0°$ 和 $\alpha=90°$ 分别是圆锥母线和截圆线,当 $\alpha\neq 0°$ 的时候,螺旋线不再是圆锥上的短程线.

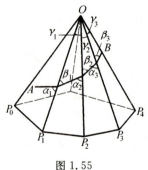 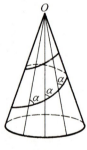

图 1.55   图 1.56

第1章 刚性变换与压缩变换

16.试作以 $a_1,a_2,a_3,\cdots,a_{n-1}$ 为边长的,且内接于圆的 $n-1$ 边形(边长顺序如题设).

〔提示:先以 O 为心作一大扇形 $OA'_1A'_n$,再在其内画一同心弧 A_1A_n,然后依次在其上连续截取 $a'_1,a'_2,a'_3,\cdots,a'_{n-1}$,得分点 $A_2,A_3,\cdots,A_{n-1},A_n$,然后连 $OA_1,OA_2,\cdots,OA_n$,再剪下扇形 $OA'_1A'_n$,将它卷成一个圆锥(使 OA_1 与 OA_n 重合),然后在圆锥母线 OA_1,OA_2 之间,截 $B_1B_2 /\!/ A_1A_2$,且 $B_1B_2 = a_1$(用比例线段性质),再依次作 $B_2B_3 /\!/ A_2A_3,\cdots,B_{n-1}B_n /\!/ A_{n-1}A_n$,则 $n-1$ 边形 $B_1B_2\cdots B_n$ 即为所求(图1.57),这只须注意到相似三角形的性质即可.〕

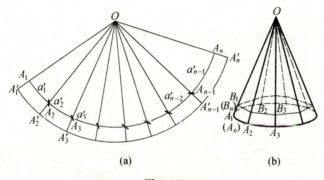

图 1.57

17.已知椭圆的长轴为 $2a$,短轴为 $2b$,试画一条封闭曲线与椭圆等周长,但其所围成的面积比椭圆大 $(a-b)^2$.

〔提示:将椭圆视为刚性薄板,按下面图1.58(a)分割后,再拼成图(b)即可.注意它有两种拼法.〕

18.一只虫子想沿着以菱形为面的正12面体(图1.59)的棱爬行,要经过每个顶点,但每个顶点只能经过一次,这能做得到吗?

〔提示:仿本节例,将该图形展成平面图形(图1.60),然后讨论有三条棱和四条棱汇聚的顶点(或称奇点、偶点)个数,因

41

数学解题中的物理方法

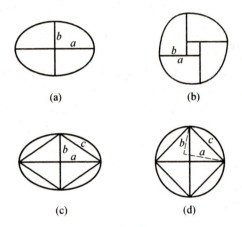

(a)　　　　　(b)

(c)　　　　　(d)

图 1.58

它们不同,而使虫子爬行不可能实现.]

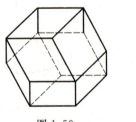　　

图 1.59　　　　图 1.60

19. 长、宽、高分别为 a,b,c 的长方体,用一细绳捆扎(斜着捆),形成一个空间八边形(对边平行),试求绳子长、绳子与各棱交角,并计算最短的绳子长度.

[提示:将长方体沿各表面展开铺平,见图 1.61(注意,图中有两个面是重复的),这时绳子在所展平面形成一条直线,不难算出绳长为 $2\sqrt{(a+c)^2+(b+c)^2}$;绳与棱交角的正切分别为 $(a+c)/(b+c)$ 和 $(b+c)/(a+c)$;当 $c<a,c<b$ 时,即长方体最大表面有绳子的两条线段经过时,绳子长度最短.]

20. 求形如图 1.62 的图形(它由一段长为 $2r$ 的直线段、两段半径为 $2r$ 的圆弧组成)的面积.

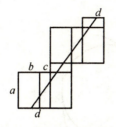 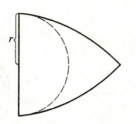

图 1.61　　　　　图 1.62

[提示：考虑图 1.63 的左面部分，图中注有 m 的两个线段恒为等长．作为比较用的面积，人们容易得出一个由半圆与等腰直角三角形所围成的平面切片（图 1.63 的右半部分）．因而所要求的面积是

$$A = \frac{1}{2}\pi r^2 + r^2 = \left(\frac{\pi}{2} + 1\right) r^2]$$

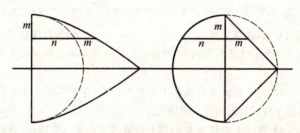

图 1.63

21. 试求下面曲线所围成的图形的面积：

$$b^2 y^2 = (b + x^2)(a^2 - x^2)$$

这里 $b \geqslant a > 0$．该曲线的图形（图 1.64）含有一个通过点 $(0, \pm a)$，$(\pm a, 0)$ 的非圆形的环，外加一个位于 $(-b, 0)$ 的孤立点．此曲线关于 x 轴对称．

[提示：考察圆 $x^2 + y^2 = a^2$，可以证明，所求的面积即等于该圆面积．由于图形是关于 x 轴对称的，我们只须证明该曲线与圆在第二象限所围成的新月形面积与第一象限的月牙形面积相等就行了．对这一点而言，我们只须证明两个月牙形中左右横坐标等距离处的相应纵截线段相等．令 y_1 与 y_2 分别表示

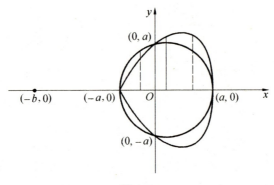

图 1.64

同一横坐标 x 处所对应的给定曲线上与圆上的纵坐标,于是我们有

$$y_1 - y_2 = \frac{1}{b}(b+x)\sqrt{a^2-x^2} - \sqrt{a^2-x^2} = \frac{x}{b}\sqrt{a^2-x^2}$$

可以看出,除符号外,对 $+x$ 与 $-x$,y_1-y_2 的值相同,这就表明两个月牙形区域面积相等,因而被给定曲线所围成的面积等于 πa^2.]

22. 对于任何具有对称中心的多边形,存在不多于 1 个包含该多边形且面积最小的椭圆.

23. 在一个半径为 R 的球上面通过直径钻一个圆孔,若孔高为 $2R$,试证球钻孔后剩下的部分体积 $V = 4\pi R^3/3$,且以此借助本节方法证明球的体积 $V = 4\pi R^3/3$.

第 2 章　力学原理在数学中的应用

力学原理在数学中的应用

> 物理学不仅给我们（数学工作者）一个解题的机会，而且也帮助我们发现解题的方法．其方式有二：它引导我们预测解答并提出适合的论证方法．
>
> —— 庞加莱（H. Poincaré）

波兰数学家斯坦因豪斯（H. D. Steinhaus）在他的名著《数学万花筒》中提到这样一个问题：

三个乡村要办一个公共小学校，它们分别有 50，70 和 90 个小学生．问题是如何选定学校的位置，使得所有学生的到校路程（或耗费时间）的总和最少．

这是一个极值问题，用纯粹的数学方法去解未尝不可，比如可以用几何方法解答如下：

先以 5,7 和 9 个单位长的线段为边作一个三角形 ABC,然后再作出以三村所在位置为顶点的三角形甲乙丙,只须在该三角形内找到一点 D,使它与三村所在点连线的夹角,恰好分别等于 $\triangle ABC$ 的三个外角(图 2.1).

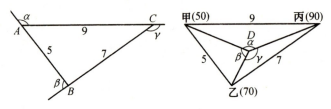

图 2.1

当然在三角形甲乙丙内作出点 D 尚须经过若干步骤,此外还要证明点 D 是所要求的点,这远不是件容易的事. 在《数学万花筒》一书中,作者又给我们介绍了一个简单而有效的办法:

把地图放在一块木块上,然后在相当于各村位置的木板点上打三个洞,然后把三条系在一起的绳子穿过洞,绳子下边按各村学生数分别放置质量比为 5∶7∶9 的三个重物,当它们平衡时,绳结所在位置即为所求学校位置(见图 2.2).

图 2.2

这种解法显然简便、易行,其实它利用了物理知识——势(位)能最小原理(关于这一点,我们在 2.3 节还要叙述).

第 2 章 力学原理在数学中的应用

这样看来,有些问题利用物理方法去考虑,往往可以收到事半功倍的效果.本章先谈谈力学原理在数学中的应用.

2.1 重心原理及其应用

在静力学中常常会遇到质点的概念.力学中把**小得可以不计体积的物体叫质点**.质点可以看成附加一定数量(质量)的几何点.因质点有质量,因而它也有重量.

许多质点组成的质点组有一个重心,即质点组所有质点所受重力的合力的作用点.

关于重心,物理学中有下列结论:

(1) 如果悬挂在一点的物体处于平衡状态,那么这个悬点与重心在同一竖直线上;

(2) 如果放置的物体处于平衡状态,那么经过重心的竖直线与物体的支撑面或棱相交.

对于两个质点组的重心又有下面的结论:

若质点 A 放置 p 单位的质量,质点 B 放置 q 单位的质量,简记 $A(p)$,$B(q)$(又 A,B 的距离为 d),则质点组(记作$\{A(p),B(q)\}$)的重心 G(图 2.3)的位置由

$$p \cdot AG = q \cdot GB \qquad (2.1)$$

确定,或者记作

$$\frac{AG}{GB}=\frac{q}{p} \quad \text{或} \quad \frac{AG}{AB}=\frac{q}{p+q}$$

即**质点组的重心在两质点连线上,且到两质点的距离与这两点的质量成反比**(杠杆原理).

对于多个质点组成的质点组来讲,可先两两求出它们的重心,再把这些重心视为新的质点(质量为原来两质点的质量之和),再去求它们的重心……这样最后可求得整个质点组的重心. 类似地有:若质点组(Ⅰ)的重心在 G_1,质点组(Ⅱ)的重心在 G_2,则整个系统的重心在 G_1G_2 连线上,且在距 G_1,G_2 满足

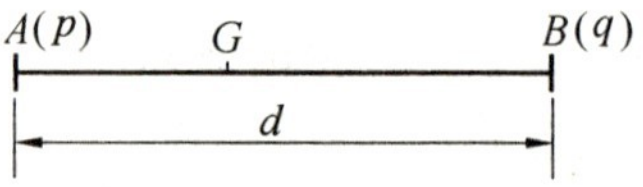

$$\frac{G_1G}{GG_2}=\frac{m_{\mathrm{II}}}{m_{\mathrm{I}}}$$

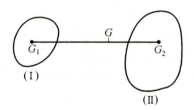

图 2.3

处,其中 $m_{\mathrm{I}},m_{\mathrm{II}}$ 表示质点组(Ⅰ),(Ⅱ)的质量(图 2.4).

图 2.4

上面这些简单的事实(或原理),对于我们解决一些数学问题,特别是几何问题帮助极大. 首先我们会想到关于线段比的问题. 下面来看几个例子.

例 1 试证三角形三条中线共点,且它到某顶点距离与它到该顶点对边的距离之比为 2∶1.

证 在 $\triangle ABC$ 三顶点分别放置单位质量. 若 D, E,F 分别是三边 AB,BC,CA 的中点(图 2.5),则质点组 $\{A(1),B(1),C(1)\}$ 的重心应在 AE,BF,CD 上(用

第 2 章 力学原理在数学中的应用

不同的方式去求),即三中线交于一点(重心唯一).

因 $\{B,C\}$ 重心在 E,故 E,A 的重心 G 也是整个系统的重心,G 应在 AE 上,且 G 与 A 的距离与 G 与 E 的距离之比为 $2:1$(注意到 E 应视为质量是 2)即 $AG:GE=2:1$.

同理可证 $BG:GF=CG:GD=2:1$.

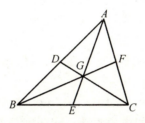

图 2.5

例 2 A_1,B_1,C_1 分别是 $\triangle ABC$ 三边 BC,CA 和 AB 上三点(图 2.6),则直线 AA_1,BB_1,CC_1 相交于一点 $\Leftrightarrow \dfrac{AB_1}{B_1C} \cdot \dfrac{CA_1}{A_1B} \cdot \dfrac{BC_1}{C_1A} = 1$(塞瓦定理).

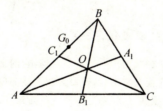

图 2.6

证 设 $AB_1=a,B_1C=b;CA_1=c,A_1B=d;BC_1=e,C_1A=f$.

先证充分性.由上面假设则题设可改写为

$$\frac{a}{b} \cdot \frac{c}{d} \cdot \frac{e}{f} = 1 \qquad (2.2)$$

若在 A,B,C 上分别放置质量 bd,ac 和 ad 的质点,则 $\{A,C\}$ 和 $\{B,C\}$ 的重心分别在 B_1 和 A_1 处. 而 $\{A,B\}$ 的重心在 AB 上 G_0 处,故

$$\frac{AG_0}{G_0B}=\frac{ac}{bd}$$

则由 (2.2) 有 $\dfrac{ac}{bd}=\dfrac{f}{e}$,从而 $\dfrac{AG_0}{G_0B}=\dfrac{f}{e}$;

又 $AG_0+G_0B=f+e$,从而 $AG_0=f$,$G_0B=e$,即 $\{A,B\}$ 重心在 C_1 处.

这样整个系统的重心在 AA_1,BB_1,CC_1 上,因重心唯一,故 AA_1,BB_1,CC_1 交于一点.

再证必要性. 若 AA_1,BB_1,CC_1 相交于一点 O,在 A,B,C 处放置相应的质量 p,q,r,而使 O 为全系统的重心. 显然 O 应在点 A 与质点组 $\{B,C\}$ 重心的连线上,故 A_1 应是 $\{B,C\}$ 的重心. 同理 B_1 和 C_1 分别是质点组 $\{C,A\}$ 和 $\{A,B\}$ 的重心.

由杠杆原理

$$\frac{AB_1}{B_1C}=\frac{r}{p},\quad \frac{CA_1}{A_1B}=\frac{q}{r},\quad \frac{BC_1}{C_1A}=\frac{p}{q}$$

将上三式两边互乘便有 $\dfrac{AB_1}{B_1C}\cdot\dfrac{CA_1}{A_1B}\cdot\dfrac{BC_1}{C_1A}=1$.

注 这是平面几何中一个重要定理,它的证法很多,用途较广. 比如例 2.1 便是它的特殊情形. 利用该命题还可证: 三角形三条内角平分线共点, 锐角三角形三条高共点, 等等.

我们再来看一个例子.

例 3 若 C_1,A_1,B_1 分别为 $\triangle ABC$ 三边 AB,BC,CA 上一点,且 CC_1,AA_1,BB_1 相交于一点 O(图 2.7). 求证:

(1) $\dfrac{CO}{OC_1}=\dfrac{CA_1}{A_1B}+\dfrac{CB_1}{B_1A}$;

(2) $\dfrac{A_1O}{A_1A}+\dfrac{B_1O}{B_1B}+\dfrac{C_1O}{C_1C}=1.$

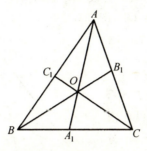

图 2.7

证 设 $AB_1:B_1C=1:p,BA_1:A_1C=1:q.$

今在 A,B,C 上分别放置质量为 $p,q,1$ 的质点,则 A_1,B_1 分别为 $\{B,C\},\{A,C\}$ 的重心.

又 $\{A,B,C\}$ 的重心位于 AA_1 上,且位于 BB_1 上,故与 O 重合.

因而,C_1 是 $\{A,B\}$ 的重心,则

(1) 由 C_1 是质点组 $\{A(p),B(q)\}$ 的重心,则有

$$\dfrac{CO}{OC_1}=\dfrac{p+q}{1}=\dfrac{p}{1}+\dfrac{q}{1}=\dfrac{CB_1}{B_1A}+\dfrac{CA_1}{A_1B}.$$

(2) 因 O 是质点组 $\{A(p),B(q),C(1)\}$ 的重心,并且 A_1 是 $\{B,C\}$ 的重心,则

$$\dfrac{A_1O}{AO}=\dfrac{p}{1+q}, \quad 即 \quad \dfrac{A_1O}{A_1A}=\dfrac{p}{1+p+q}.$$

类似地可有

$$\dfrac{B_1O}{B_1B}=\dfrac{q}{1+p+q},\quad \dfrac{C_1O}{C_1C}=\dfrac{1}{1+p+q}.$$

所以 $\dfrac{A_1O}{A_1A}+\dfrac{B_1O}{B_1B}+\dfrac{C_1O}{C_1C}=\dfrac{p+q+1}{1+p+q}=1.$

下面的例子是证明线段相等的.

例 4 已知 $ABCD$ 为四边形，其两组对边延长后交于 E,F 两点，又对角线 $BD \mathbin{/\mkern-5mu/} EF$，$AC$ 延长线交 EF 于 G，试证 $EG=GF$（图 2.8）．

证 注意到
$$\frac{AB}{BE}=\frac{AD}{DF}$$
（因为在 $\triangle AEF$ 中，$BD \mathbin{/\mkern-5mu/} EF$），可设比值为 k，今在 A,E,F 分别放置质量为 $1,k,k$ 的质点，显然：$\{A(1),E(k)\}$ 的重心是 B，$\{A(1),F(k)\}$ 的重心是 D．

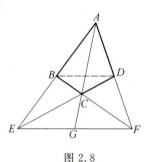

图 2.8

而 $\{A,E,F\}$ 的重心即为 ED 与 BF 的交点 C（因为它在此两直线上）．

又 AG 通过 C，故 G 应是 $\{E(k),F(k)\}$ 的重心，即 G 为 EF 的中点．从而 $EG=GF$．

我们再来看一个关于三角形面积的例子．

例 5 若 E,F,D 分别为 $\triangle ABC$ 三边 CA,AB 和 BC 的 $2:1$ 分点，连 AD,BE,CF 两两分别相交于 M,G,K 三点（图 2.9），试证 $S_{\triangle MGK}=\dfrac{1}{7}S_{\triangle ABC}$．

证 在 A,B,C 配置适当质量使该系统重心在 G，显然 $A(4),B(1),C(2)$ 即可满足要求（因当 $m_B:m_C=1:2$ 时，$\{B,C\}$ 重心在 D；$m_C:m_A=1:2$ 时，$\{C,A\}$ 重心在 E）．

这样我们不难算得 $BG:GE$ 和 $AG:GD$ 的值，因 G 为 $\{B(1),E(6)\}$ 的重心，故 $BG:GE=6:1$；又 G 为 $\{A(4),D(3)\}$ 的重心，故 $AG:GD=3:4$．

第 2 章　力学原理在数学中的应用

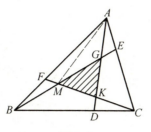

图 2.9

同理我们可以算得

$$AK : KD = CM : MF = 6 : 1$$
$$BM : ME = CK : KF = 3 : 4$$

从而

$$\frac{AG}{AD} = \frac{CK}{CF} = \frac{BM}{BE} = \frac{3}{7}$$

$$\frac{AK}{AD} = \frac{CM}{CF} = \frac{BG}{BE} = \frac{6}{7}$$

故 G 是 AK 的中点,同理 K 是 CM 的中点,M 是 BG 的中点. 连接 AM,有

$$S_{\triangle MGK} = \frac{1}{2} S_{\triangle AMK} = \frac{1}{2} \left(\frac{1}{2} S_{\triangle AMC} \right) =$$

$$\frac{1}{2} \cdot \frac{1}{2} \left(\frac{6}{7} S_{\triangle AFC} \right) =$$

$$\frac{1}{2} \cdot \frac{1}{2} \cdot \frac{6}{7} \left(\frac{2}{3} S_{\triangle ABC} \right) = \frac{1}{7} S_{\triangle ABC}$$

注 1　这个问题还可以给出一个较直观的证法(当然它也可以用纯几何办法去证):如图 2.10 所示作出一些辅助图形,即过 $\triangle ABC$ 和 $\triangle GMK$ 的各顶点作一些相应的平行线,不难看到阴影和网点部分组成六个全等于 $\triangle MGK$ 的三角形,而每个网点部分图形分别和图中某一空白处的几何图形全等,即图中标号相同的全等(它的证明并不难),这就是说:

$$S_{阴影} + S_{空白} + S_{\triangle GMK} = S_{\triangle ABC}$$

又

$$S_{阴影} + S_{网点} = 6 S_{\triangle GMK}, S_{网点} = S_{空白}$$

从而 $S_{阴影}+S_{空白}+S_{\triangle GMK}$
$= 7S_{\triangle GMK}$，即 $S_{\triangle GMK} = \frac{1}{7} S_{\triangle ABC}$.

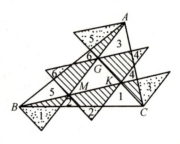

这实际上也可看做是一种面积割补法（勾股定理的不少证法是用此方法给出的）．

注 2 这个结论可推广为：题设同例题，又若

$$\frac{BD}{DC} = \frac{CE}{EA} = \frac{AF}{FB} = k，则 \quad \frac{S_{\triangle MKG}}{S_{\triangle ABC}} = \frac{(k-1)^2}{k^2+k+1}.$$

图 2.10

例 6 设线段 AB 的中点 M，从 AB 上另一点 C 向直线 AB 的一侧引线段 CD，设 CD 的中点为 N，BD 的中点为 P，MN 的中点为 Q，求证直线 PQ 平分线段 AC（图 2.11）．

证 在 A，B，C，D 均放置单位质量，考虑到质点组 $\{A(1), B(1)\}$ 的重心为 M，质点组 $\{C(1)$,

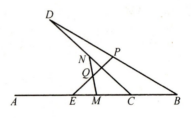

图 2.11

$D(1)\}$ 的重心为 N，显然 $\{M(2), N(2)\}$ 的重心即 MN 的中点，故 Q 是 $\{A, B, C, D\}$ 的重心．

又 $\{B(1), D(1)\}$ 的重心为 P，而 $\{A(1), C(1)\}$ 的重心是 AC 的中点，设为 E，则 $\{A, B, C, D\}$ 的重心也为 $\{E(2), P(2)\}$ 的重心，即 EP 的中点．

因质点系的重心唯一，故 EP 的中点也为 Q，即 PQ 平分 AC．

注 本题实际上是本节习题 1 的特殊情形.

下面再来看一个例子.

例 7 如图 2.12 所示,E,F,G,H 分别为四边形 $ABCD$ 的边 AD,BC 的三等分点,P,Q 分别为 AB,DC 的二等分点,试证:EG,FH 被 PQ 二等分,而 PQ 被 EG,FH 三等分.

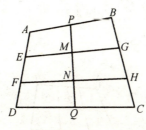

图 2.12

证 在 A,B,C,D 分别配置 $2,2,1,1$ 单位的质量,这样质点组 $\{A,B,C,D\}$ 的重心就在 P,Q 连线上,同时也在 E,G 连线上.换言之,它们的交点 M 即为系统的重心.

M 可视为 $\{E(3),G(3)\}$ 的重心,所以 $EM = MG$;M 又可视为 $\{P(4),Q(2)\}$ 的重心,故 $PM:MQ = 1:2$.

注 这个问题还可稍加推广:

命题 若 $E,G;P,Q$ 分别是四边形 $ABCD$ 边 AD,BC 和 AB,DC 的 m 和 n 等分点,则 $PM = \dfrac{1}{m}PQ, EM = \dfrac{1}{n}EG$(图 2.13).

当然它也可由延长四边形两组对边相交后化为三角形去考虑(利用比的性质).

利用本题结论还可以证明下面的命题:

命题 将面积为 S 的凸四边形 $ABCD$ 各边三等分,两组对边对应分点的连线将四边形分成九个小四边形(图 2.14),则

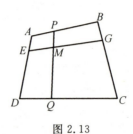

图 2.13

$$S_1 + S_5 + S_9 = \frac{1}{3}S.$$

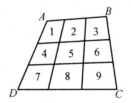

图 2.14

我们再来看一个稍复杂的例子.

例 8 在 $\triangle ABC$ 的边 AB, BC 上分别取点 K, L，连 AL, CK 交于 M，连 KL, BM 交于 N，试证 $\dfrac{AK \cdot BC}{CL \cdot AB}$
$= \dfrac{KN}{NL}$ (图 2.15).

证 设 $BK : AK = p, BL : CL = q$. 今在 A, B, C 分别放置质量为 $p, 1, q$ 的质点，则 K 是 $\{A(p), B(1)\}$ 的重心，L 是 $\{B(1); C(q)\}$ 的重心.

因而 $\{A(p), B(1), C(q)\}$ 的重心 O 位于 KL 上，且
$$\frac{KO}{OL} = \frac{q+1}{p+1}.$$

但 O 又可视为质点组 $\{A(p), B(1), C(q); B(1)\}$

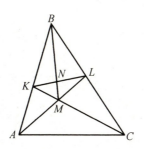

图 2.15

的重心,则 M 是 $\{A(p),B(1),C(q)\}$ 的重心.

故 O 又位于 BM 上,即与 N 重合. 因而

$$\frac{KN}{NL} = \frac{q+1}{p+1}$$

又

$$\frac{BK}{AK} = p, \frac{BL}{CL} = q$$

则

$$\frac{AB}{AK} = \frac{AK+BK}{AK} = 1 + \frac{BK}{AK} = 1 + p$$

同理

$$\frac{BC}{CL} = 1 + q$$

故

$$\frac{KN}{NL} = \frac{q+1}{p+1} = \frac{BC/CL}{AB/AK} = \frac{AK \cdot BC}{CL \cdot AB}$$

下面我们来看两个应用重心概念解立体几何问题的例子.

例 9 若 E,K,F,L 为空间四边形 $ABCD$ 的四条边 AB,BC,CD,DA 的中点,则 EF,KL 相交(图 2.16).

证 在 A,B,C,D 分别放置单位质量,那么,$\{A(1),B(1)\}$ 的重心在 E,$\{C(1),D(1)\}$ 的重心在 F. 从而 $\{A,B,C,D\}$ 的重心在 EF 上.

同样可以证明 $\{A,B,C,D\}$ 的重心在 KL 上,从而重心在 EF,KL 的交点上(因为重心唯一).

数学解题中的物理方法

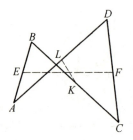

图 2.16

注 若 A_1, B_1, C_1 和 D_1 分别为 $\triangle BCD, \triangle ACD, \triangle ABD$ 和 $\triangle ABC$ 的重心,又 O 为 $\{A, B, C, D\}$ 的重心,则有:AA_1, BB_1, CC_1, DD_1 交于 O,且 $AO:OA_1 = BO:OB_1 = CO:OC_1 = DO:OD_1 = 3:1$.

显然这是三角形重心问题的推广.

例 10 空间四边形两组对边中点的连线以及两条对角线的中点连线共点,且被该点所平分.

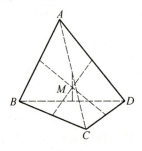

图 2.17

证 在 A, B, C, D 各点配置单位质量,则 $\{A, B, C, D\}$ 的重心应在每组对边中点的连线上,同时也在两条对角线中点的连线上,而且重心 M 即为这些连线的中点(图 2.17).

下面再来看一个例子.

例 11 在四面体中连接四顶点和它们对角面重心(三角形重心)的四线段共点,且被该点分为 $3:1$.

证 在四面体的各顶点各放置单位质量,设 O 是该系统的重心(图 2.18).

又 A_1 是 $\triangle BCD$ 的重心,即为 $\{B(1),C(1),D(1)\}$ 的重心,因而 O 位于 AA_1 上,且 $AO:OA_1 = 3:1$.

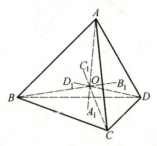

图 2.18

同理,O 也在 BB_1,CC_1 和 DD_1 上,即 AA_1,BB_1,CC_1 及 DD_1 通过同一点 O,且
$BO:OB_1 = 3:1, CO:OC_1 = 3:1, DO:OD_1 = 3:1$

注 显然它可视为平面几何中三角形重心性质的推广.

如果建立了坐标系,则质量组的重心又可用各质点的坐标来表示:

若质点组 $\{A_1,A_2,\cdots,A_n\}$ 各质点的坐标分别为 $A_k(x_k, y_k, z_k)$,则质点组的重心坐标 $G(x_0,y_0,z_0)$ 满足

$$x_0 = \frac{1}{n}\sum_{k=1}^{n}x_k, y_0 = \frac{1}{n}\sum_{k=1}^{n}y_k, z_0 = \frac{1}{n}\sum_{k=1}^{n}z_k$$

这一结论还可推广到连续函数的情形,那时它们将以积分形式出现.

利用这个结论我们也可以解决一些问题.

例 12 已知正 n 边形外接圆半径为 R,其所在平面内任一点 P 到该圆心距离为 a,则 P 到正 n 边形各顶点距离的平方和为 $n(R^2 + a^2)$.

证 建立坐标系,设 OP 为 x 轴(图 2.19),设正 n 边形各顶点 A_i 的坐标为 (x_i,y_i).

若把正 n 边形的顶点看做有单位质量的质点,则

数学解题中的物理方法

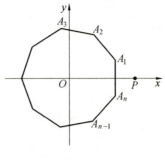

图 2.19

其质点系的重心显然在 O.

又其重心坐标可表示为

$$\left(\frac{1}{n}\sum_{k=1}^{n}x_k, \frac{1}{n}\sum_{k=1}^{n}y_k\right), \quad 故 \quad \sum_{k=1}^{n}x_k = 0$$

因此,若 P 与 O 重合,结论成立是显然的;否则则有

$$\sum_{k=1}^{n}\overline{PA_k^2} = \sum_{k=1}^{n}[y_k^2 + (OP - x_k)^2] =$$

$$\sum_{k=1}^{n}y_k^2 + \sum_{k=1}^{n}OP^2 - 2OP\sum_{k=1}^{n}x_k + \sum_{k=1}^{n}x_k^2 =$$

$$\sum_{k=1}^{n}(x_k^2 + y_k^2) + na^2 - 2a\sum_{k=1}^{n}x_k =$$

$$n(R^2 + a^2) - 2a\sum_{k=1}^{n}x_k =$$

$$n(R^2 + a^2)$$

注 1　它还可用三角或复数办法证得.

注 2　1827 年德国数学家麦比乌斯(A. F. Möbius)给出了 $\triangle ABC$ 重心坐标概念:将质量分别为 t_1, t_2, t_3 的质点分别置于 $\triangle ABC$ 三顶点 A, B, C 处,可确定 $\{A(t_1), B(t_2), C(t_3)\}$ 的唯一重心 P,记其坐标为 (t_1, t_2, t_3),称之为 P 关于 $\triangle ABC$ 的重心

坐标.

由此可得到一系列有趣的结论,它们在合成构形性质的经典讨论中有用. 比如:

命题 1 若假设点 P 关于 $\triangle ABC$ 的重心坐标为 (t_1, t_2, t_3),则有 $S_{\triangle PBC} : S_{\triangle PCA} : S_{\triangle PAB} = t_1 : t_2 : t_3$(这里规定按逆时针方向排列三顶点的三角形面积为正,反之为负;又面积为 0 时,视为退化为点的情形).

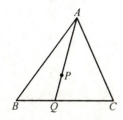 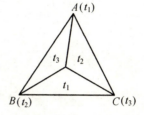

图 2.20

略证 若 P 在形内(图 2.20),则有

$$\frac{t_3}{t_2} = \frac{BQ}{QC} = \frac{S_{\triangle ABQ}}{S_{\triangle AQC}} = \frac{S_{\triangle PBQ}}{S_{\triangle PQC}} = \frac{S_{\triangle ABQ} - S_{\triangle PBQ}}{S_{\triangle AQC} - S_{\triangle PQC}} = \frac{S_{\triangle PAB}}{S_{\triangle PCA}}$$

同理 $\dfrac{t_2}{t_1} = \dfrac{S_{\triangle PCA}}{S_{\triangle PBC}}$

命题 2 边长为 a, b, c 的 $\triangle ABC$ 内心为 I,三旁心分别为 I_a, I_b, I_c. 则

$$I = \frac{aA + bB + cC}{a + b + c}, \quad I_a = \frac{-aA + bB + cC}{-a + b + c}$$

$$I_b = \frac{aA - bB + cC}{a - b + c}, \quad I_c = \frac{aA + bB - cC}{a + b - c}$$

这里的点均是重心坐标形式(图 2.21).

略证 设 $\triangle ABC$ 的内心 I 的重心坐标为 (t_1, t_2, t_3),其内切圆半径为 r,则有

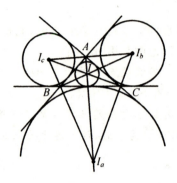

图 2.21

$$t_1 : t_2 : t_3 = S_{\triangle IBC} : S_{\triangle ICA} : S_{\triangle IAB} =$$
$$\frac{1}{2}ar : \frac{1}{2}br : \frac{1}{2}cr = a : b : c$$

类似地可证旁心坐标表达式.

我们再来看一下重心概念在代数上的应用.

例 13 任意给定一组正整数列 $q_1, q_2, \cdots, q_n (n > 2)$,然后在首末两项中都减去首末项中最小的数 $q = \min\{q_1, q_n\}$,然后把 q 分别加到靠近它们的中间项上(若中间项只有一项,则两个 q 均加到该项上),这时数列项数至少可减少一项.

不断重复上面的步骤,最后数列只剩下两项或者一项. 我们有: 当 $n = 3k + 1$ 时,最后剩一项; 当 $n \neq 3k + 1$ 时,最后剩两项,且其中的一项是另一项的两倍.

为了证明这个结论,我们先来证明下面一个命题:

命题 在一个没有重量的细棒上,坐标是 $a_1, a_2, \cdots, a_n$ 的点处系上重为 $p_1, p_2, \cdots, p_n$ 的重物,则系统的重心 O 坐标

$$x = \frac{a_1 p_1 + a_2 p_2 + \cdots + a_n p_n}{p_1 + p_2 + \cdots + p_n} \qquad (2.3)$$

第 2 章　力学原理在数学中的应用

设它们的重心 O 在 a_k 和 a_{k+1} 之间(图 2.22),由力系平衡的条件有

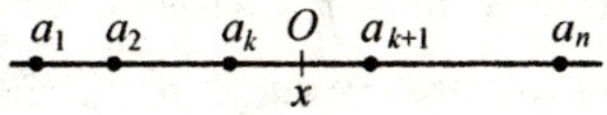

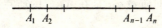

图 2.22

$$\sum_{i=1}^{n} p_i(x-a_i) = \sum_{j=k+1}^{n} p_j(a_j-x)$$

即

$$\left(\sum_{j=1}^{n} p_j\right)x = \sum_{i=1}^{n} p_i a_i$$

故

$$x = \sum_{i=1}^{n} p_i a_i \Big/ \sum_{j=1}^{n} p_j$$

注　这个结论可推广到质量分布的连续情形

$$x = \int xp(x)\mathrm{d}x \Big/ \int p(x)\mathrm{d}x$$

这里 $p(x)$ 是密度分布函数.

现在回到我们的问题中来.

证　考虑一根重量不计的均匀细棒,在它上面的 n 个等分点 $A_1, A_2, \cdots, A_n$ 处分别放置质量为 $q_1, q_2, \cdots, q_n$ 的质点(图 2.23).

图 2.23

显然,当在 A_1, A_n 处的质点上减去 $q = \min\{q_1, q_n\}$,并在 A_2, A_{n-2} 处都加上 q 时,整个系统的重心不变(注意质点最少可减少一个).

重复上面的步骤,当质点个数仅剩一个时,它就是系统的重心;当质点个数剩下两个时,系统重心就在它们之间.

再由前面的讨论知系统的重心坐标可由

$$x = \sum_{i=1}^{n} p_i a_i \Big/ \sum_{j=1}^{n} p_j$$

给出,其中 a_i 是点 A_i 的坐标. 因为 A_i 是棒的 n 等分点, 故不妨取 $a_1=1, a_2=2, \cdots, a_n=n$, 这时重心 O 的坐标为

$$x = \sum_{k=1}^{n} q_k k \Big/ \sum_{k=1}^{n} q_k$$

为使重心坐标与某个点 A_k 重合 $\Leftrightarrow x$ 是整数. 此时 $q_1, q_2, \cdots, q_n$ 实施前述变换后,仅剩下一项.

为使计算从简,不失一般性,取 $q_1=1, q_2=2, q_3=3, \cdots, q_n=n$, 此时, $x = \dfrac{1}{3}(2n+1)$.

故当 $n=3k+1$ 时, x 是整数; $n \neq 3k+1$ 时, $x = (2k+1) \pm \dfrac{2}{3}$.

因重心在 A_{2k} 和 A_{2k+1} 之间(若 $n=3k$), 或在 A_{2k+1} 和 A_{2k+2} 之间(若 $n=3k+2$), 即:

当 $x = 2k + \dfrac{1}{3}$ 时, 重心在 A_{2k} 和 A_{2k+1} 之间, 这时在 A_{2k} 的质点的质量 q_{2k} 是在 A_{2k+1} 的质点的质量 q_{2k+1} 的两倍;

当 $x = (2k+1) + \dfrac{2}{3}$ 时, 重心在 A_{2k+1} 和 A_{2k+2} 之间, 这时在 A_{2k+2} 的质点的质量 q_{2k+2} 是在 A_{2k+1} 的质点的质量 q_{2k+1} 的两倍.

另外利用前面棒上质点重心 O 的公式(2.3), 还可以求一些数列的和.

考虑正三角形 ABC(图 2.24), 它的一个顶点 A 的坐标为 a 且在直线 l 上, A_n 是 BC 的中点, 它的坐标为

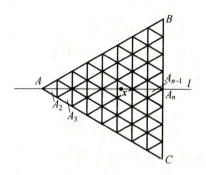

图 2.24

$a+(n-1)$,将 AA_n 均分为 $n-1$ 份,分点为 $A_2,A_3,\cdots,A_{n-1}$,再将 $\triangle ABC$ 各边均分为 $n-1$ 份,且通过各分点作与三边平行的直线段,得一系列小正三角形.在各小正三角形顶点上分别放置单位质量,则质点组重心 X 在 AA_n 上,且坐标

$$x = a + \frac{2}{3}(n-1)$$

而整个系统的质量为

$$1+2+3+\cdots+n = \frac{1}{2}n(n+1)$$

另外,若 A 的坐标为 a,则 A_k 的坐标为

$$a+(k-1),(k=2,3,\cdots,n)$$

由(2.3)又有

$$a+\frac{2}{3}(n-1) = \sum_{k=1}^{n}k(a+k-1)\Big/\sum_{k=1}^{n}k$$

即 $\quad \sum_{k=1}^{n}k(a+k-1) = \frac{n(n+1)}{2}\left[a+\frac{2}{3}(n-1)\right]$

(2.4)

在式(2.4)中令 a 是特殊的数,便可求一些数列的和.

例 14 求 $\sum_{k=1}^{n} k^2$ 的表达式.

解 在(2.4)中令 $a=1$,则有
$$\sum_{k=1}^{n} k^2 = \frac{1}{6}[n(n+1)(2n+1)]$$

例 15 求 $\sum_{k=1}^{n-1} k(k+1)$ 的表达式.

解 在(2.4)中令 $a=0$,则有
$$\sum_{k=1}^{n} k(k-1) = \sum_{k=1}^{n-1} k(k+1) = \frac{1}{3}[(n-1)n(n+1)]$$

注 注意到 $n(n+1)=n^2+n$,故上式又可化为
$$\sum_{k=1}^{n-1} k(k+1) = \sum_{k=1}^{n-1} k^2 + \sum_{k=1}^{n-1} k$$
然后分别求和再相加即可.

例 16 求 $\sum_{k=1}^{n} k C_n^k$ 的值.

解 若在 $A_0, A_1, A_2, \cdots, A_n$ 处分别放置质量为 $C_n^0, C_n^1, C_n^2, \cdots, C_n^n$(这里 C_m^n 表示组合数)的质点,且 $A_0, A_1, \cdots, A_n$ 的坐标分别为 $0, 1, 2, \cdots, n$,由于 $C_n^k = C_n^{n-k}$,知其系统重心在坐标为 $n/2$ 的点处.

又 $C_n^0 + C_n^1 + \cdots + C_n^n = 2^n$,由(2.3)得
$$\sum_{k=1}^{n} k C_n^k = \frac{n}{2} \sum_{k=0}^{n} C_n^k = \frac{n}{2} \times 2^n = n \times 2^{n-1}$$

例 17 求 $\sum_{k=1}^{n} k^2(n-k+1)$ 的值.

解 若在 $A_k (k=1,2,\cdots,n)$ 处放置质量为 $m_k = k(n-k+1)$ 的质点,且 A_k 的坐标为 k.

由 $m_k = m_{n-k+1}$,知系统重心在 $\frac{1}{2}(n+1)$ 处,又因

第 2 章　力学原理在数学中的应用

$$\sum_{k=1}^{n}k(n-k+1)=(n+1)\sum_{k=1}^{n}k-\sum_{k=1}^{n}k^2=$$
$$\frac{1}{6}[n(n+1)(n+2)]$$

故

$$\sum_{k=1}^{n}k^2(n-k+1)=\frac{1}{2}(n+1)\cdot\frac{1}{6}[n(n+1)(n+2)]=$$
$$\frac{1}{12}[n(n+1)^2(n+2)]$$

特别地,

$$\sum_{k=1}^{n}k^3=\sum_{k=1}^{n}(n+1)k^2-\sum_{k=1}^{n}k^2(n-k+1)=$$
$$\frac{1}{6}[n(n+1)^2(2n+1)]-$$
$$\frac{1}{12}[n(n+1)^2(n+2)]=\left[\frac{n(n+1)}{2}\right]^2$$

我们再来看一个求三角函数和的例子.

例 18 求 $\sum_{k=1}^{n}k\sin\frac{k\pi}{n}$ 的值.

解 在 $A_0, A_1, \cdots, A_n$(它们的坐标为 $0,1,\cdots,n$)处分别放置质量为 $0, \sin\frac{\pi}{n}, \cdots, \sin\frac{n\pi}{n}$ 的质点,而由

$$\sin\frac{k\pi}{n}=\sin\frac{(n-k)\pi}{n}$$

可知,该系统重心在坐标为 $\frac{n}{2}$ 的点处. 从而

$$\sum_{k=1}^{n}k\sin\frac{k\pi}{n}=\frac{n}{2}\sum_{k=1}^{n}\sin\frac{k\pi}{n}=\frac{n}{2}\cot\frac{\pi}{2n}$$

这只须注意到公式

$$\sum_{k=1}^{n}\sin(\alpha+k\beta)=\sin\frac{n\beta}{2}\sin\left(\alpha+\frac{n-1}{2}\beta\right)/\sin\frac{\beta}{2}$$

即可,用 $\alpha=\dfrac{\pi}{n}$,$\beta=\dfrac{\pi}{n}$ 代入此式有

$$\sum_{k=1}^{n}\sin\dfrac{k\pi}{n}=\sum_{k=1}^{n-1}\sin\dfrac{k\pi}{n}=$$
$$\sin\dfrac{\pi}{2}\cdot\sin\left(\dfrac{\pi}{n}+\dfrac{n-1}{2n}\pi\right)\Big/\sin\dfrac{\pi}{2n}=\cot\dfrac{\pi}{2n}$$

(因为 $\sin\pi=0$,$\sin\dfrac{\pi}{2}=1$)

利用重心原理证明某些不等式,也别具风格.

例 19 若 $0<a_1<a_2<\cdots<a_n$,$0<b_1<b_2<\cdots<b_n$,试证 $n\sum\limits_{k=1}^{n}a_kb_k>\left(\sum\limits_{k=1}^{n}a_k\right)\left(\sum\limits_{k=1}^{n}b_k\right)$.

证 设 $A_1,A_2,\cdots,A_n$ 的坐标是 $a_1,a_2,\cdots,a_n$ 且每点都放置 M/n 的质量,其中 $M=\sum\limits_{k=1}^{n}b_k$,且全系统重心 X 的坐标为

$$x=\dfrac{1}{n}\sum_{k=1}^{n}a_k$$

又若在 A_k 处放置 b_k 的质量($k=1,2,\cdots,n$),则该系统重心 X' 的坐标为

$$x'=\dfrac{1}{M}\sum_{k=1}^{n}a_kb_k$$

因为 $b_1<\dfrac{M}{n}<b_n$,则有 i 使 $b_i<\dfrac{M}{n}\leqslant b_{i+1}$,又后一系统质量与前一系统质量相等,即均为 M,而前一系统 A_{i+1} 之前的质点的质量较后一系统重,故前一系统重心偏左(前),即 $x'>x$. 从而

$$\dfrac{1}{n}\sum_{k=1}^{n}a_k<\dfrac{1}{M}\sum_{k=1}^{n}a_kb_k$$

两边同乘以 Mn,即有

$$n \cdot \sum_{k=1}^{n} a_k b_k > \left(\sum_{k=1}^{n} a_k\right)\left(\sum_{k=1}^{n} b_k\right)$$

如果引进"凸图形"及平面质点重心公式之后,我们还能处理一些更复杂的不等式.

我们说:**若 A,B 属于图形 S,且 A,B 所连线段也属于 S,则称 S 是凸的**[①](图 2.25).

图 2.25

这样,若平面上 n 个质点中的任意两个的重心都位于图形 S 内,则全系统的重心也在 S 内.

此外,若点 $A_1,A_2,\cdots,A_n$ 位于图形 S 的边界上(图 2.26),坐标为 $(x_1,y_1),(x_2,y_2),\cdots,(x_n,y_n)$,在各点分别放置质量为 $m_1,m_2,\cdots,m_n$ 的质点,则其重心 Z 的坐标为

$$\begin{cases} x = \sum_{k=1}^{n} m_k x_k / M \\ y = \sum_{k=1}^{n} m_k y_k / M \end{cases}$$

---

① 图形 S 是凸的定义更一般的提法是:对任何点 $A \in S, B \in S$,若 $0 < \lambda < 1$,有 $\lambda A + (1-\lambda)B \in S$(即 A,B 连线段属于 S),则称 S 是凸的(集合).

对于平面情形,若 $(x_1,y_1),(x_2,y_2)$ 为 A,B 的坐标,则 $\lambda A + (1-\lambda)B$ 的坐标为

$$(\lambda x_1 + (1-\lambda)x_2, \lambda y_1 + (1-\lambda)y_2)$$

数学解题中的物理方法

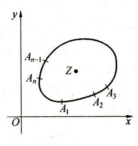

图 2.26

(这里 $M = \sum_{k=1}^{n} m_k$)

下面我们来看几个例子.

例 20 若 $x_1, x_2, \cdots, x_n$ 是 n 个互不相等的正数,则有

$$\frac{1}{n}\sum_{k=1}^{n} \lg x_k < \lg\left(\frac{1}{n}\sum_{k=1}^{n} x_k\right)$$

证 介于 $y = 0$ 和 $y = \lg x$ 之间的图形是凸的(图 2.27),设曲线上横坐标为 $x_1, x_2, \cdots, x_n$ 的点 $A_1, A_2, \cdots, A_n$ 都放置单位质量(这里先假设 $x_i \geqslant 1, i = 1, 2, \cdots, n$),则质点组重心 Z 的坐标为

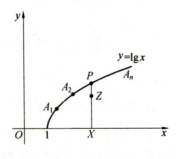

图 2.27

$$x_0 = OX = \frac{1}{n}\sum_{k=1}^{n} x_k$$

$$y_0 = XZ = \frac{1}{n}\sum_{k=1}^{n} y_k = \frac{1}{n}\sum_{k=1}^{n} \lg x_k$$

但 $XP = \lg x_0 = \lg\left(\frac{1}{n}\sum_{k=1}^{n} x_k\right)$, 又 $y_0 < XP$, 故

$$\frac{1}{n}\sum_{k=1}^{n} \lg x_k < \lg\left(\frac{1}{n}\sum_{k=1}^{n} x_k\right)$$

若有 $x_i < 1$, 则只须取 k 使 $kx_i > 1(i=1,2,\cdots,n)$, 便可化为上述情况, 结论也成立(请读者完成).

注 由对数的性质及本例的结论可知, 若 $x_1, x_2, \cdots, x_n$ 是互不相等的正数, 则有

(1) $\sqrt[n]{\prod_{k=1}^{n} x_k} < \frac{1}{n}\sum_{k=1}^{n} x_k$ (柯西不等式);

(2) $\left(\prod_{k=1}^{n} x_k^{m_k}\right)^{\frac{1}{M}} < \frac{1}{M}\sum_{k=1}^{n} m_k x_k$, 这里 $M = \sum_{k=1}^{n} m_k$.

例 21 若 $0 < x_1, x_2, \cdots, x_n < \frac{\pi}{2}$, 且它们互不相等, 则 $\frac{2}{n\pi}\sum_{k=1}^{n} x_k < \frac{1}{n}\sum_{k=1}^{n} \sin x_k < \sin\left(\frac{1}{n}\sum_{k=1}^{n} x_k\right)$.

证 曲线 $y = \sin x\left(0 \leqslant x \leqslant \frac{\pi}{2}\right)$ 和 $y = 0$ 之间的图形是凸的. 在曲线上横坐标为 $x_1, x_2, \cdots, x_n$ 的点 $A_1, A_2, \cdots, A_n$ 上分别放置单位质量, 其重心 Z 的坐标为(图 2.28)

$$x_0 = OX_0 = \frac{1}{n}\sum_{k=1}^{n} x_k$$

$$y_0 = X_0 Z = \frac{1}{n}\sum_{k=1}^{n} \sin x_k$$

若直线 $X_0 Z$ 交正弦曲线 OS 于 P, 交弦 OS 于 Q,

数学解题中的物理方法

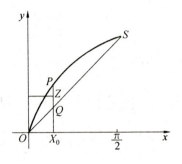

图 2.28

显然有
$$X_0Q < y_0 < X_0P$$

设 OS 弦的方程为 $y = kx$,它通过点 $S\left(\dfrac{\pi}{2}, 1\right)$,可求得其方程为 $y = 2x/\pi$. 因此
$$X_0Q = 2x_0/\pi, \quad X_0P = \sin x_0$$

于是 $2x_0/\pi < y_0 < \sin x_0$,即
$$\frac{2}{n\pi}\sum_{k=1}^{n}x_k < \frac{1}{n}\sum_{k=1}^{n}\sin x_k < \sin\left(\frac{1}{n}\sum_{k=1}^{n}x_k\right)$$

注 由上两例我们可以得到更一般的结论:
只要注意到在上凸[即
$$f\left(\frac{x_1+x_2}{2}\right) \geqslant \frac{f(x_1)+f(x_2)}{2}$$

的函数]函数曲线 $y = f(x)$ 上点 $(x_1, f(x_1))$, $(x_2, f(x_2))$ 上放置单位质量,该质点系的重心 G 必在曲线 $y = f(x)$ 的下方(图 2.29).

这样有:在上凸函数 $y = f(x)$ 的曲线上各点 $A_i(x_i, f(x_i))$ 处放置质量分别为 m_i 的质点$(i = 1, 2, \cdots, n)$,顺次连接 $A_1, A_2, \cdots, A_n, A_1$ 组成凸多边形,其质点系 $\{A_1, A_2, \cdots, A_n\}$ 的重心 G 必在曲线 $y = f(x)$ 的下方,有

第 2 章　力学原理在数学中的应用

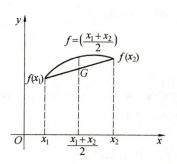

图 2.29

$$f\left(\frac{1}{n}\sum_{i=1}^{n}x_i\right) \geqslant \frac{1}{n}\sum_{i=1}^{n}f(x_i)$$

且等号仅当 $A_1, A_2, \cdots, A_n$ 共线时成立(图 2.30).

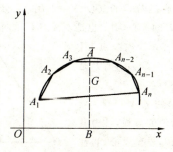

图 2.30

利用这一点我们可以证明：若 $f(x)$ 在区间 $<a,b>$(表示开、闭、半开等)上凸，对 $<a,b>$ 上各点 x_i 及实数 $m_i > 0 (i = 1, 2, \cdots, n)$ 有

$$f\left(\sum_{i=1}^{n}m_i x_i \Big/ \sum_{i=1}^{n}m_i\right) \geqslant \sum_{i=1}^{n}m_i f(x_i) \Big/ \sum_{i=1}^{n}m_i$$

利用它可以证明相当多一类不等式.

这方面的例子还有很多，限于篇幅这里不多谈了. 顺便讲一句，前面两例均是不等式问题，因而人们联想到了极值问题. 事实上，凸集概念在解所谓"线性规划"

73

问题(某类有约束的极值)中确实起着至关重要的作用.

习　　题

1. 试证:任意四边形(平面上的)两组对边中点连线及两条对角线共点,且被该点所平分.

　　注　显然这只是本节例 10 的特殊情形.

2. 证明本节各例中注的结论.

　　[提示:证例 7 注中结论的关键是在 A, B, C, D 配置适当的质点,以使重心落在点 M 处.]

3. 求证:(1) 三角形重心在外心和垂心的连线上,且分此线段比为 $1:2$;

(2) 若 P 是 $\triangle ABC$ 的重心,又 A_1, B_1, C_1 分别是 $\triangle BCP$, $\triangle CAP$, $\triangle ABP$ 的重心,则 P 也是 $\triangle A_1 B_1 C_1$ 的重心(图 2.31);

(3) P 是 $\triangle ABC$ 内一点,且 $S_{\triangle ABP} = S_{\triangle BCP} = S_{\triangle CAP}$,则 P 是 $\triangle ABC$ 的重心.

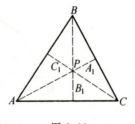

图 2.31

　　[提示:(2) 将 $\triangle ABC$ 视为质量密度分布均匀的薄板,注意其几何重心即为其质量重心,再注意到 $S_{\triangle ABC} = S_{\triangle BCP} + S_{\triangle CAP} + S_{\triangle ABP}.$]

4. 若 A, B, C 分别为 $\triangle PQR$ 三边 PQ, QR, RP 的中点,O 为 $\triangle PQR$ 的重心,连 AO, BO, CO 交 $\triangle ABC$ 三边 AB, BC, CA 于 D, F, E(图 2.32),试证 AF, BE, CD 分别平分 $\angle CAB, \angle ABC,$ $\angle BCA$.

　　[提示:将 $\triangle PQR$ 的三边分别视为质量等于其长的均匀质棒,由重心定理可证得 $\dfrac{AD}{DB} = \dfrac{QR}{PQ} = \dfrac{AC}{CB}$,注意到角平分线的性质.]

5. 若 $B_1, B_2, B_3, B_4, B_5, B_6$ 为六边形 $ABCDEF$ 的各边中

第 2 章　力学原理在数学中的应用

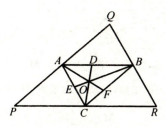

图 2.32

点,相间地连接各点得两个三角形:$\triangle B_1 B_3 B_5$ 和 $\triangle B_2 B_4 B_6$,试证两三角形的重心重合.

6. 将四边形 $ABCD$ 的每条边三等分,边靠近每个顶点的两个分点分别连线,它们交出一个新的四边形.试证新四边形重心与原来四边形 $ABCD$ 的重心重合.

注　本命题中四边形 $ABCD$ 不一定是凸的四边形.

7. 求下列各和(利用本节例题的方法):

(1) $\sum\limits_{k=1}^{n} k(n-k+1)$;

(2) $\sum\limits_{k=1}^{n} k^2(n-k+1)$;

(3) $\sum\limits_{k=1}^{n} k^3$;

(4) $\sum\limits_{k=1}^{n-1} k\cos\dfrac{2k\pi}{n}$.

8. 若 $0<x_1<x_2<\cdots<x_n$,试证:对任何自然数 $k<n$ 均有 $\dfrac{1}{k}\sum\limits_{i=1}^{k} x_i < \dfrac{1}{n}\sum\limits_{j=1}^{n} x_j$.

注　本题结论几乎是显然的.

9. 设 $0<x_1<x_2<\cdots<x_n$,试证

$$\left(\prod_{k=1}^{n} \sin x_k\right)^{\frac{1}{n}} < \sin\left(\frac{1}{n}\sum_{k=1}^{n} x_k\right)$$

[提示:考虑 $y=-\lg\sin x$ 在 $(0,\pi)$ 上的图像.]

10. 利用函数 $y=x^2(x\geqslant 0)$ 的图像证明:

数学解题中的物理方法

(1) $\sqrt{\dfrac{1}{n}\sum_{k=1}^{n}x_k^2} > \dfrac{1}{n}\sum_{k=1}^{n}x_k$;

(2) $\sqrt{\sum_{k=1}^{n}m_k x_k^2 / M} < (\sum_{k=1}^{n}m_k x_k)/M$

这里 x_k 是不相同的正数,m_k 是任意正数,且

$$M = \sum_{k=1}^{n} m_k$$

11. 若 $0 < x_1, x_2, \cdots, x_n < 1$,且 $m_1, m_2, \cdots, m_n$ 为任意正数,又 $M = \sum\limits_{k=1}^{n} m_k$,试证

$$1 - (\sum_{k=1}^{n}m_k x_k)/M < (\sum_{k=1}^{n}m_k \sqrt{1-x_k^2})/M < \sqrt{1 - (\sum_{k=1}^{n}m_k x_k)^2/M^2}$$

[提示:考虑 $x^2 + y^2 = 1$ 在第一象限的圆弧及直线 $y = 1 - x$ 所组成的图形.]

12. 已知空间四边形 $ABCD$ 中,$AB = BC$,$AD = DC$,M,N,P,Q 分别是边 AB,BC,CD,DA 的中点(图 2.33),求证 $MNPQ$ 是一个矩形.

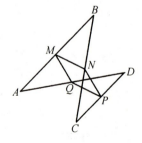

图 2.33

13. 试证:在有限点的集合 S 中,不能有多于一个的对称中心.

[提示:对称中心与重心总重合,而重心唯一.]

2.2　力系平衡概念及其应用

上面我们谈到了重心概念在数学证明中的应用,下面介绍一下力系平衡概念的应用.

提到力,我们自然想到它的三个要素:方向、大小和作用点.这样力可以用带箭头的线段(又称有向线段)表示,换句话说:力是矢量(向量).

在物理中我们也学过"力的合成"概念,两个共点力[①]a,b的合力可由以 a,b 为边的平行四边形的对角线表示(力的平行四边形法则).

又若用 $|a|$ 表示力 a 的大小,那么若合力 $a+b$ 与 a,b 的夹角分别为 β,α(图 2.34),则

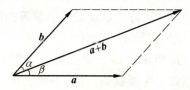

图 2.34

$|a|/|b| = \sin \alpha / \sin \beta$(由正弦定理推得),

$|a+b|^2 = |a|^2 + |b|^2 + 2|a||b|\cos(\alpha+\beta)$(由余弦定理推得).

两个平行力的合力满足下面的关系:

合力 $a+b$ 仍与 a(即 b)平行,且它与 a,b 两边的

---

① 只要两力不平行(或延长线相交)即可,因为作用在同一直线上的大小、方向一样的力,产生的效果相同(力的传递性).

距离分别为 d_1, d_2 (图 2.35),则

(1) a, b 同向时:$|a+b|=|a|+|b|$,且 $d_1/d_2 = |b|/|a|$;

(2) a, b 异向时:$|a+b|=||a|-|b||$,且 $d_1/d_2 = |b|/|a|$.

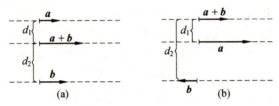

图 2.35

显然,如果将图 2.35 旋转 90°(顺时针),这将化为重力的合力问题. 当然这里所说合力是指效果而言.

此外物理中我们还学过所谓力偶的概念:所谓**力偶是指作用线平行、方向相反且大小相等的两个力**(它们产生的效应是旋转).

当力系(即作用于同一物体的若干个力)合力为零时,称力系处于**平衡状态**. 当力系平衡时,有下列简单原理:

原理 1 若平面上的三力构成的力系平衡时,则三力线或平行或共点.

原理 2 若力系的合力不为零,又它通过 $A, B, C, \cdots$ 各点,则 $A, B, C, \cdots$ 各点共线.

有了上面这些知识和原理,我们便可以用它们来解一些数学问题.

例 22 试证:过 $\triangle ABC$ 三个顶点的三直线 AA_1, BB_1, CC_1 共点于 $O \Leftrightarrow \dfrac{\sin \alpha}{\sin \alpha'} \cdot \dfrac{\sin \beta}{\sin \beta'} \cdot \dfrac{\sin \gamma}{\sin \gamma'} = 1$(图

2.36).

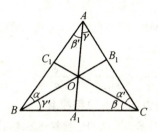

图 2.36

证 先证必要性. 我们可以选择力 a,c'(图 2.37),使其合力在 BB_1 上;选择力 a',b 使其合力在 CC_1 上,且 $a=-a'$,这样便有

$$\frac{\sin\alpha}{\sin\gamma'}=\frac{|a|}{|c'|}, \quad \frac{\sin\beta}{\sin\alpha'}=\frac{|b|}{|a'|}$$

再在 A 处选择 $c=-c', b'=-b$,显然整个力系合力为零,即力系平衡. 因而 b',c 的合力作用线应通过 BB_1, CC_1 的交点 O,即通过 AA_1(因为 BB_1, CC_1, AA_1 共点于 O),所以,

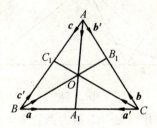

图 2.37

$$\sin\gamma/\sin\beta'=|c|/|b'|$$

从而

$$\frac{\sin\alpha}{\sin\gamma'}\cdot\frac{\sin\beta}{\sin\alpha'}\cdot\frac{\sin\gamma}{\sin\beta'}=\frac{|a|}{|c'|}\cdot\frac{|b|}{|a'|}\cdot\frac{|c|}{|b'|}=$$

$$\frac{|a|}{|c|}\cdot\frac{|b|}{|a|}\cdot\frac{|c|}{|b|}=1$$

再证充分性.若上式成立,总可找到上面这种平衡力系,使得

$$\frac{\sin\alpha}{\sin\gamma'}=\frac{|a|}{|c'|},\quad \frac{\sin\beta}{\sin\alpha'}=\frac{|b|}{|a'|},\quad \frac{\sin\gamma}{\sin\beta'}=\frac{|c|}{|b'|}$$

进而可证三对力的合力作用线共点.

注 这也是塞瓦定理的一种叙述形式,读者不难推得它与例 22 的叙述是等价的.

从前面力系平衡原理 2 的叙述中可以看到,用它可以证明"n 点共线"的几何命题.请看下例.

例 23 求证:三角形两内角平分线与对边的交点和第三角外角平分线与对边的交点共线.

证 在 △ABC 三边 BC,CA,AB 上分别放置力 a,b,c,且 $|a|=|b|=|c|$,所以 b,c 合力作用线在 AE 上(图 2.38).

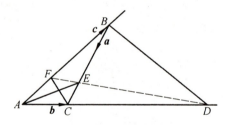

图 2.38

又 a 的作用线是 BC,故力系合力 $a+b+c$ 作用线应过 AE 和 BC 的交点 E.

仿上同理可证合力 $a+b+c$ 作用线过 D 和 F,从而 D,E,F 共线.

再来看一个例子.

例 24 过 △ABC 的三条直线 AE,BD,CF 各和

对边或延长线交于 E,D,F,又它们与其余两边夹角分别为 $\gamma,\beta';\alpha,\gamma';\beta,\alpha'$(图 2.39),则 E,D,F 共线 $\Leftrightarrow$
$$\frac{\sin\alpha}{\sin\alpha'}\cdot\frac{\sin\beta}{\sin\beta'}\cdot\frac{\sin\gamma}{\sin\gamma'}=1(梅涅劳斯定理).$$

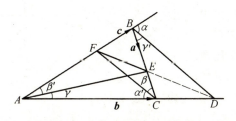

图 2.39

证 先证必要性,选择三力 a,b,c 使
$$\frac{\sin\beta}{\sin\alpha'}=\frac{|b|}{|a|},\quad \frac{\sin\gamma}{\sin\beta'}=\frac{|c|}{|b|}$$

这样 $a+b$ 作用线是 CF,$b+c$ 作用线是 AE,故整个力系合力 $a+b+c$ 的作用线是 EF.

由力 b 作用线过 D,又力 $a+c$ 作用线也过 D(因为 E,F,D 共线),故 BD 是力 $a+c$ 的作用线,从而
$$\frac{\sin\alpha}{\sin\gamma'}=\frac{|a|}{|c|}$$

这样便有
$$\frac{\sin\alpha}{\sin\alpha'}\cdot\frac{\sin\beta}{\sin\beta'}\cdot\frac{\sin\gamma}{\sin\gamma'}=1$$

再证充分性. 若上式成立,按上所取力系 a,b,c,必然有
$$\frac{\sin\alpha}{\sin\gamma'}=\frac{|a|}{|c|}$$

即有力 $a+c$ 作用线是 BD,从而 D,E,F 共线.

注 这其实是梅涅劳斯定理的三角形式的叙述.

由于力是向量,从而有关向量问题中的一些结论

和方法,常常可以作为解决某些数学问题的手段,因此,从力学角度去理解和考虑也未尝不可. 比如用向量知识去证明三角中的正弦定理:

如图 2.40 所示,因为封闭向量在任意轴上的投影之和为零,考虑 a,b 在 l(它与 AB 垂直)上的投影有(图 2.40).

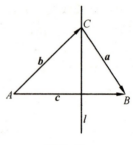

图 2.40

$$|b|\sin A - |a|\sin B = 0$$

故
$$\frac{|a|}{\sin A} = \frac{|b|}{\sin B}$$

类似地可有
$$\frac{|a|}{\sin A} = \frac{|c|}{\sin C}$$

所以
$$\frac{|a|}{\sin A} = \frac{|b|}{\sin B} = \frac{|c|}{\sin C}$$

显然封闭向量也可视为一平衡力系,因而向量方法可视为力学方法的推广和数学化.

下面我们来看一下应用力系平衡解一类三角问题的例子.

我们知道力学中有下面的结论:

命题 1 大小一样,终端分布在正 n 边形 n 个顶点上共点于正多边形中心的力系,其合力为零.

证 设 $\{O; f_1, f_2, \cdots, f_n\}$ 为 n 个大小一样终端在正 n 边形 n 个顶点上的共点于正 n 边形中心 O 的力系(图 2.41),设其合力为 F(设 f_1 与 x 轴正向同). 用反证法.

若合力 $F \neq 0$,考虑将 $f_1, f_2, \cdots, f_n$ 分别绕 O 沿逆

第 2 章　力学原理在数学中的应用

（或顺）时针方向旋转 $2\pi/n$ 角度，构成新的力系 $\{O; f'_1, f'_2, \cdots, f'_n\}$，设其合力为 F'，显然 F' 是将 F 沿逆（或顺）时针方向旋转 $2\pi/n$ 后得到的.

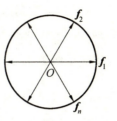

图 2.41

但从整个力系旋转 $2\pi/n$ 后的效果来看，与原来力系实无差异，这就是说旋转后的合力 F' 与 F 一样，即 $F = F'$；但 F 与 F' 方向不同，从而只有 $|F| = 0$.

同样我们可以考虑下面的命题：

命题 2　大小一样，终端分布在正 $2n$ 边形连续 $n+1$ 个顶点上的共点于正多边形中心 O 的力系，在始（或终）力所在直线方向上的合力为零.

证　可分 $n = 2k$ 和 $2k+1$ 两种情形考虑（k 是自然数），无论何种情形，其合力均在与始力垂直的方向上（如图 2.42 所示，若始力在横向上，则合力在纵向上），这只须考虑两两对称的"力对"合力均指向与始力垂直的方向即可.

$n = 2k+1$　　　　　$n = 2k$

图 2.42

从这两个命题出发，我们可以得到下面一些推论.

系 1　三角函数和 $\sum_{k=0}^{n-1} \cos \dfrac{2k\pi}{n} = 0$，$\sum_{k=0}^{n-1} \sin \dfrac{2k\pi}{n} = 0$.

这只须注意到因命题 1 中 $F=0$,故该力系在水平(x 轴)或竖直(y 轴)方向的合力也为零(即该力系中各力在此两方向上的投影和为零),而 $\cos\dfrac{2k\pi}{n}$,$\sin\dfrac{2k\pi}{n}(k=0,1,2,\cdots,n-1)$ 正是该力系各力在 x 轴和 y 轴上的投影即可. 这里设 $|f_k|=1(k=1,2,\cdots,n)$.

系 2 三角函数和 $\sum\limits_{k=0}^{n-1}\cos\left(\alpha+\dfrac{2k\pi}{n}\right)=0$,并且
$$\sum_{k=0}^{n-1}\sin\left(\alpha+\dfrac{2k\pi}{n}\right)=0$$

考虑将命题 1 的力系在与始力 f_2 夹角为 α(顺时针)的直线方向上投影即可.

注 上面两结论也可由在等式左端同乘 $\sin\dfrac{\pi}{n}$ 及 $\cos\dfrac{\pi}{n}$,再利用积化和差来证.

系 3 三角函数和 $\sum\limits_{k=0}^{n}\cos\dfrac{k\pi}{n}=0$ 及 $\sum\limits_{k=1}^{n-1}\cos\dfrac{k\pi}{n}=0$.

由命题 2 且仿系 1 的证明可得.

注 这个结论也可由 $\cos(\pi-\alpha)=-\cos\alpha$,且注意到 $\cos 0°=1,\cos\pi=-1$ 来证.

下面来考虑几个例子.

例 25 试证 $1+\cos\dfrac{2\pi}{7}+\cos\dfrac{4\pi}{7}+\cos\dfrac{6\pi}{7}+\cos\dfrac{8\pi}{7}+\cos\dfrac{10\pi}{7}+\cos\dfrac{12\pi}{7}=0$.

证 在前面系 1 中令 $n=7$ 即为上面结论,注意到 $\cos 0°=1$.

例 26 求 $\cos 5°+\cos 77°+\cos 149°+\cos 221°+\cos 293°$ 的值.

第 2 章 力学原理在数学中的应用

解 $5°,77°,149°,221°,293°$ 为公差是 $72°$ 的等差数列的五项,各角终边可视为圆的五等分半径,故在系 2 中令 $\alpha=5°, n=5$,知原式 $=0$.

例 27 试证 $\cos\dfrac{2\pi}{7}+\cos\dfrac{4\pi}{7}+\cos\dfrac{6\pi}{7}=-\dfrac{1}{2}$.

证 在系 1 中令 $n=7$ 有 $\sum\limits_{k=0}^{6}\cos\dfrac{2k\pi}{7}=0$.

因 $\cos(2\pi-\alpha)=\cos\alpha$,故有

$$\cos\dfrac{12\pi}{7}=\cos\dfrac{2\pi}{7}, \cos\dfrac{10\pi}{7}=\cos\dfrac{4\pi}{7}, \cos\dfrac{8\pi}{7}=\cos\dfrac{6\pi}{7}$$

又 $\cos 0°=1$,故有

$$1+2\sum_{k=1}^{3}\cos\dfrac{2k\pi}{7}=0, \text{即} \sum_{k=1}^{3}\cos\dfrac{2k\pi}{7}=-\dfrac{1}{2}$$

例 28 试证 $\cos\dfrac{\pi}{7}-\cos\dfrac{2\pi}{7}+\cos\dfrac{3\pi}{7}=\dfrac{1}{2}$.

证 由系 3 中令 $n=7$ 有 $\sum\limits_{k=0}^{7}\cos\dfrac{k\pi}{7}=0$,又因

$$\cos\dfrac{2\pi}{7}=-\cos\dfrac{5\pi}{7}$$

再注意到上例的结论

$$\sum_{k=1}^{3}\cos\dfrac{2k\pi}{7}=-\dfrac{1}{2}$$

及 $\cos 0°=1, \cos\pi=-1$,则有

$$\sum_{k=0}^{2}\cos\dfrac{2k+1}{7}\pi=\dfrac{1}{2}, \text{即} \sum_{k=1}^{3}(-1)^{k+1}\cos\dfrac{k\pi}{7}=\dfrac{1}{2}$$

注 1 若令 $\alpha=\dfrac{\pi}{7}$,且设

$$x=\cos\alpha-\cos 2\alpha+\cos 3\alpha$$

则 $2x^2=3+5\cos 2\alpha+4\cos 4\alpha+3\cos 6\alpha+2\cos 8\alpha+\cos 10\alpha$,

又由 $\cos 4\alpha=-\cos 3\alpha, \cos 6\alpha=-\cos\alpha, \cos 8\alpha=-\cos\alpha$,

数学解题中的物理方法

$\cos 10\alpha = -\cos 3\alpha$,则

$$2x^2 = 3 - 5\cos\alpha + 5\cos 2\alpha - 5\cos 3\alpha = 3 - 5x$$

即 $2x^2 + 5x - 3 = 0$,解得 $x_1 = -3$(舍去),$x_2 = \dfrac{1}{2}$,

故原式 $= \dfrac{1}{2}$.

注 2 以上两结论可稍加推广为

(1) 三角函数和 $\displaystyle\sum_{k=0}^{n-1}\cos\dfrac{2k+1}{2n+1}\pi = \dfrac{1}{2}$;

(2) 三角函数和 $\displaystyle\sum_{k=0}^{n-1}\cos\dfrac{2k}{2n+1}\pi = -\dfrac{1}{2}$.

又上两结论可统一写为三角函数和

$$\sum_{k=1}^{n}(-1)^k \cos\dfrac{k\pi}{2n+1} = \dfrac{1}{2}$$

这只须注意到 $\cos(\pi-\alpha) = -\cos\alpha$ 及 $\cos 0° = 1$ 即可.

利用上面的结论,我们还可以求一些特殊三角函数值.

例 29 求 $\sin 18°$ 的值.

解 考虑如图 2.43 的力系:$\{O; f_1, f_2, f_3, f_4, f_5\}$ 合力为零,故它们在 x 方向投影和为零,即

$$f_1 + f_2\cos 72° + f_5\cos 72° - f_3\cos 36° - f_4\cos 36° = 0$$

从而 $1 + 2\cos 72° - 2\cos 36° = 0$

(因为 $|f_1| = |f_2| = \cdots = |f_5|$).

将式 $\cos 72° = \sin 18°$,

$\cos 36° = 1 - 2\sin^2 18°$

代入上式有

$4\sin^2 18° + 2\sin 18° - 1 = 0$

解得

$\sin 18° = \dfrac{1}{4}(\sqrt{5} - 1)$

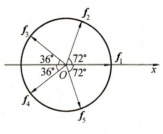

图 2.43

第 2 章 力学原理在数学中的应用

(仅取正值,因为 $18°$ 是锐角).

利用力学方法及结论还可解一些其他三角问题,这里就不多讲了.

习 题

1. 由平面上的四条直线 l_1, l_2, l_3, l_4 构成的图形叫做一个完全四边形(图 2.44),它有六个顶点、四条边以及四个三角形.试证完全四边形三双相对顶点处的角平分线的交点共线.

［**提示**:考虑力 a_i 作用在 l_i($i = 1,2,3,4$) 上,其中 $|a_1| = |a_2| = |a_3| = |a_4|$,然后考虑 $a_1 + a_3$ 和 $a_2 + a_4$,以及 $a_1 + a_2 + a_3 + a_4$.］

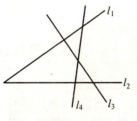

图 2.44

2. 见图 2.45,试证圆内接六边形三双对边延长的交点共线(**巴斯卡定理**).

［**提示**:先考虑圆内接四边形各边上分别要作用什么样的力,才能使它平衡.然后考虑圆内接六边形每边所施加的力,使得合力通过它们对边延长线的三个交点.］

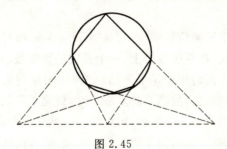

图 2.45

3. 试证本节中塞瓦定理与上一节中塞瓦定理是等价的.

4. 求下列各三角函数式的值:

(1) $\cos 7° + \cos 79° + \cos 151° + \cos 223° + \cos 295°$;

(2) $\cos\dfrac{\pi}{7} + \cos\dfrac{2\pi}{7} + \cos\dfrac{3\pi}{7} + \cos\dfrac{4\pi}{7} + \cos\dfrac{5\pi}{7} + \cos\dfrac{6\pi}{7} + \cos\pi$.

5. 试证下面各三角函数和式：

(1) $\displaystyle\sum_{k=0}^{n-1} \cos\dfrac{2k+1}{2n+1}\pi = \dfrac{1}{2}$；

(2) $\displaystyle\sum_{k=0}^{n-1} \cos\dfrac{2k}{2n+1}\pi = -\dfrac{1}{2}$.

或证上两式的统一形式：$\displaystyle\sum_{k=1}^{n}(-1)^k \cos\dfrac{k\pi}{2n+1} = \dfrac{1}{2}$.

2.3　势能最小原理及其应用

我们知道物体具有动能和势能（又称位能），例如高举的物体势能通常是用物体所受重力 q 和它的高度 h 的乘积 qh 来度量的．显然对同一物体来讲，位置越低，它的势能就越小．关于它有一个重要的力学原理即**势（位）能最小原理**，又称迪利克雷原理．叙述如下：

一个力学系统势（位）能达到最小的位置是平衡位置．

如果平衡位置唯一，那么迪利克雷原理有一个重要的推论：**在平衡位置上，一个系统的势能最小．**

这方面的例子是很多的，如弹性细线的势能和它的长度成正比，故当它长度最小时，便是平衡状态．

利用势能最小原理，可以解决一些极值问题．

例 30　某两栖车辆在水中速度为 u，在陆上速度为 v，今该车打算从水中 A 处行至陆上 B 处，车应在何处登陆所花时间最小（图 2.46）？

这是一个极值问题．设登陆处为 X，则要求

第 2 章　力学原理在数学中的应用

$$\frac{AX}{u} + \frac{XB}{v}$$

的最小值,通常要用微积分来解.下面我们用势能最小原理来考虑.

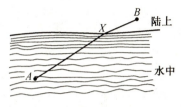

图 2.46

解　我们先按比例在木板上作出河岸 l 和 A,B 的位置,且在 A,B 两点分别置一定滑轮,在 l 处固定一光滑铁棍,再把系上两根线的铁环穿到棍上,两线分别拴上重力为 p,q 的重物绕过定滑轮 A,B(图 2.47),其中 $p=1/u, q=1/v$.

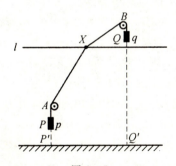

图 2.47

当系统处于平衡位置时,铁环所在位置 X 即为所求.它的道理如下:

由势能最小原理知,系统平衡时 $p \cdot PP' + q \cdot QQ'$ 最小,也即 $p \cdot AP + q \cdot BQ$ 最大.

89

故当两条线长一定时，$p \cdot AX + q \cdot XB$ 最小，即
$$\frac{AX}{u} + \frac{XB}{v}$$
最小．因而 X 为所求的登岸位置．

如图 2.48 所示，因作用于 X 的各力须平衡，又定滑轮不改变力的大小（只改变方向），故绳上拉力
$T_1 = p = 1/u, T_2 = q = 1/v$

再设 AX, XB 与 l 的垂线 m 的夹角分别为 α, β，故 T_1, T_2 在水平方向分力应相等．

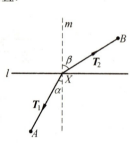

图 2.48

$$\frac{1}{u}\sin \alpha = \frac{1}{v}\sin \beta \text{ 或 } \frac{\sin \alpha}{\sin \beta} = \frac{u}{v}$$

这就是极小条件的解析表达式．

注 这个问题还可以用张力来考虑．后面我们还将给出它的一个光学解释及解法．

1978 年全国部分省市数学竞赛陕西赛题复试第 8 题是这样的（这正是 1.1 中例 9）：

设 M 是锐角 $\triangle ABC$ 内一点，并使 $\angle AMB = \angle BMC = \angle CMA = 120°$，又 P 为 $\triangle ABC$ 内任意一点，试证：$PA + PB + PC \geqslant MA + MB + MC$．

可以这样证明（见图 2.49）：延长 BM 到 K，$MK = MC$，连接 KC．

因为 $\angle BMC = 120°$，所以 $\angle CMK = 60°$，故 $\triangle MCK$ 是正三角形．所以 $MC = KC$．

再延长 MK 到 R，$KR = MA$，连接 RC，在 $\triangle MCA$ 与 $\triangle KCR$ 中，$MC = KC$，$MA = KR$，$\angle CMA = 120° =$

第 2 章 力学原理在数学中的应用

$\angle CKR$,所以 $\triangle MCA \cong \triangle KCR$,$CA = CR$,$\angle MCA = \angle KCR$.

再以 PC 为一边作等边 $\triangle PCQ$,连接 QR. 在 $\triangle PCA$ 与 $\triangle QCR$ 中,$PC = QC$,$CA = CR$,

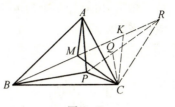

图 2.49

又 $\angle PCA = \angle MCA + \angle PCM = \angle KCR + \angle MCK - \angle MCQ = \angle KCR + \angle QCK = \angle QCR$.

所以 $\triangle PCA \cong \triangle QCR$,从而 $PA = QR$. 故有

$$PA + PB + PC = QR + PB + PQ \geqslant BR$$

而 $BR = MB + MK + KR = MA + MB + MC$

所以 $PA + PB + PC \geqslant MA + MB + MC$

证明过程中引了五条辅助线,又几经周折,最后才证得. 这个问题在本书前面已经给出一个简单的解法(见 1.1 中例 9),如果它用力学方法去考虑,解法也十分简单.

解 1 我们把三根一端系在一起的弹性细线的另一端,分别固定在 $\triangle ABC$ 的三个顶点处(图 2.50),当该力学系统处于平衡位置时,势能最小.

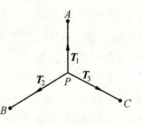

图 2.50

而系统的势能可用细线长度之和度量(注意到在弹性范围内,弹力与线长成正比),即 $PA + PB + PC$ 最小.

又若系统平衡时 P 不与某顶点重合(因 $\triangle ABC$ 是

锐角三角形,否则若某个角大于或等于 120° 时,P 就有可能与该顶点重合),且作用于点 P 有三个相等的张力 T_1,T_2,T_3,它们合力为零,故应有

$$\angle APB = \angle BPC = \angle CPA = 120°$$

解 2 我们用斯坦因豪斯的方法. 在 $\triangle ABC$ 所在平面的 A,B,C 三点各钻一孔,然后将三条系在一起(设为点 P)的绳子分别穿过三孔,绳子各

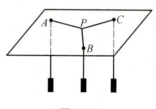

图 2.51

系所受重力为 p 的物体一件(图 2.51),当它们平衡时有

$$\angle APB = \angle BPC = \angle CPA = 120°$$

(因三个张力一样都为 p,又它们合力为 0,故必构成三个夹角相等的分布情形).

又由势能最小原理知:$p \cdot PA + p \cdot PB + p \cdot PC$ 为最小,即 $PA + PB + PC$ 最小(注意到 p 为常数).

前面已经看到用纯数学办法去解这个问题十分烦琐. 应该指出的是:这个费马问题实际上只是斯坦因豪斯问题的特殊情形.

下面我们用势能最小原理解释一下前面提到的斯坦因豪斯"三村办学"问题的道理.

我们来计算一下由三个小重物构成的系统的势能. 如果它们所受的重力分别为 q_1,q_2 和 q_3,它们离地面的高度分别为 h_1,h_2 和 h_3,则整个系统的势能即三个重物势能之和

$$E = q_1 h_1 + q_2 h_2 + q_3 h_3 \qquad (2.5)$$

第 2 章　力学原理在数学中的应用

又设结点 P 到甲、乙、丙三点的距离分别为 r_1, r_2, r_3（图 2.52），且系三重物的绳长分别为 l_1, l_2, l_3，又若木板离地面高为 h，显然有

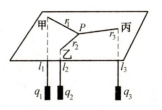

图 2.52

$$r_i + (h - h_i) = l_i \,(i = 1, 2, 3)$$

即
$$h_i = r_i + h - l_i \,(i = 1, 2, 3)$$

故式(2.5) 可写为
$$E = q_1 r_1 + q_2 r_2 + q_3 r_3 + C$$

其中 $C = (q_1 + q_2 + q_3)h - (q_1 l_1 + q_2 l_2 + q_3 l_3) = $ 常数

显然当系统处于平衡时势能 E 最小，即
$$q_1 r_1 + q_2 r_2 + q_3 r_3 = E - C$$

最小. 这正是我们所要论证的.

注 1　若所受重力分别为 q_1, q_2, q_3 的三质点分别配置在 A, B, C 三点，这种"加权"的费马点不妨称为斯坦因豪斯点，这个点所满足的数量关系是

$$\frac{\sin \angle BPC}{q_1} = \frac{\sin \angle CPA}{q_2} = \frac{\sin \angle APB}{q_3}$$

下面略证如：

若点 P 满足该等式，则 P 为费马点. 见图 2.53，若 P 满足上式，过 A, B, C 分别作 PA, PB, PC 的垂线，垂线构成的三角形为 $\triangle DEF$，考虑到角的互补显然有

$$\sin \angle D = \sin \angle BPC$$

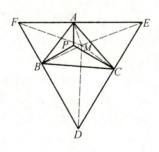

图 2.53

数学解题中的物理方法

$$\sin \angle E = \sin \angle CPA$$
$$\sin \angle F = \sin \angle APB$$

又在 $\triangle DEF$ 中用正弦定理,有

$$\frac{EF}{\sin \angle D} = \frac{FD}{\sin \angle E} = \frac{DE}{\sin \angle F} = 2R$$

(R 为 $\triangle DEF$ 外接圆半径),则

$$EF = 2R\sin \angle D, FD = 2R\sin \angle E, DE = 2R\sin \angle F$$

代入前式有

$$\frac{EF}{q_1} = \frac{FD}{q_2} = \frac{DE}{q_3} = k$$

又

$$S_{\triangle DEF} = S_{\triangle EPF} + S_{\triangle FPD} + S_{\triangle DPE} =$$
$$\frac{1}{2}(EF \cdot PA + FD \cdot PB + DE \cdot PC) =$$
$$\frac{k}{2}(q_1 \cdot PA + q_2 \cdot PB + q_3 \cdot PC)$$

若 M 为 $\triangle ABC$ 内异于 P 的另外一点,显然有

$$\frac{k}{2}(q_1 \cdot MA + q_2 \cdot MB + q_3 \cdot MC) =$$
$$\frac{1}{2}(EF \cdot MA + FD \cdot MB + DE \cdot MC) \geqslant$$
$$S_{\triangle MEF} + S_{\triangle MDF} + S_{\triangle MDE} = S_{\triangle DEF}$$

所以
$$\frac{k}{2}(q_1 \cdot PA + q_2 \cdot PB + q_3 \cdot PC) \leqslant$$
$$\frac{k}{2}(q_1 \cdot MA + q_2 \cdot MB + q_3 \cdot MC)$$

即
$$q_1 \cdot PA + q_2 \cdot BP + q_3 \cdot PC \leqslant$$
$$q_1 \cdot MA + q_2 \cdot MB + q_3 \cdot MC$$

而 $q_1 = q_2 = q_3$ 时,即为费马问题.

注 2 这个斯坦因豪斯问题的一般提法是:

平面上有 n 个点 A_k,每个点的"权"(可看成是人或物的数量)为 $q_k (k = 1, 2, \cdots, n)$,今欲求一点 O,使该点距各 A_k 的距离 r_k 和权 q_k 的乘积之和最小(图 2.54).

它仍可仿照前面的方法用重心原理去解决:

第 2 章 力学原理在数学中的应用

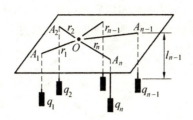

图 2.54

设每根细线长为 l(自结到砝码重心的长),而平板下面的线长分别是 l_k,显然 $l_k = l - r_k$.

则该系统势能的和为

$$\sum_{i=1}^{n} q_i(h - l_i) \quad (h \text{ 为平板距地面的高度})$$

要使此值最小,须使

$$\sum_{i=1}^{n} q_i l_i = \sum_{i=1}^{n} q_i(l - r_i) = l\sum_{i=1}^{n} q_i - \sum_{i=1}^{n} q_i r_i$$

最大.因若系统平衡时,$\sum_{i=1}^{n} q_i l_i$ 最大,又 $l\sum_{i=1}^{n} q_i$ 为定值,从而若系统平衡时,$\sum_{i=1}^{n} q_i r_i$ 最小,此即说明系统平衡时的结点 O 是满足题设的点.

这个问题又称"多村办学问题",如果办学校址要求设在某村,则"运筹学"为我们提供了另外一些解法,比如迪科斯彻(Dijkstra)标号法、矩阵算法等,主要思路是:先利用它们求出任意两村之间的最短路(经过其他村),然后再考虑人数因素,最终求得办学的最佳村址(注意:因为要求学校设在某村,因而它不一定满足 $\sum q_i r_i$ 最小).

下面我们再来看一个例子.

例 31 平面上有 n 个点 $A_1, A_2, \cdots, A_n$,今欲求一点使它到 $A_1, A_2, \cdots, A_n$ 各点所连线之和最小.

解 考虑 n 条一端系在一起的弹性细线 $A_1 B$,

数学解题中的物理方法

$A_2B,\cdots,A_nB$,另一端固定在 $A_1,A_2,\cdots,A_n$(图 2.55),这个系统的势能与各弹性细线 $A_1B,A_2B,\cdots,A_nB$ 的长度之和成正比.

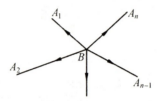

图 2.55

要使细线长度之和最小,即该系统势能最小,显然系统应处于平衡位置.处于该位置时,每一细线均变成直线段,且各线段长度之和最小,此时点 B 即为所求.

注　显然这是前面提到的三角形费马点问题的推广,或者是推广的斯坦因豪斯问题的特殊情形(没有加权).由题中可见:

在系统平衡时,如 B 不与任何一个 $A_k(k=1,2,\cdots,n)$ 重合,则作用在 B 有 n 个相等的张力,作用方向分别沿 BA_1,$BA_2,\cdots,BA_n$,且它们合力为零(图 2.56).

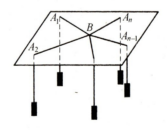

图 2.56

显见,前面在一类三角问题的力学解法中提到的命题"大小一样、终端分布在正 n 边形的 n 个顶点上,共点于正多边形中

第 2 章 力学原理在数学中的应用

心的 n 个力所成力系的合力为零",也是它的极端情形.

本题也可仿照斯坦因豪斯的办法求得点 B,不同的是在各细线下端所挂重物的重量一样.

最后我们利用"重心"的性质和势能极小原理,来证明圆锥曲线 —— 椭圆、抛物线和双曲线的切线性质.

例 32 椭圆的切线与在切点所作的两条焦半径构成的两角相等.

证 我们先考虑下面的事实:在与水平线等高的 A,B 处拴一长度大于 AB 的细线,线上置一光滑的圆环使之能在细线上自由滑动.

显然当环处于平衡位置 M 时,△ABM 所在平面与水平面垂直,且 AM,BM 与平面内过 M 的水平直线构成的两个角相等(图 2.57).

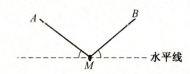

图 2.57

其实上面的结论当 A,B 不等高时也是成立的(见图 2.58,若 $BM > AM$,在 BM 上找与 A 等高的 B' 并固定,此时 M 位置不变,因为 BB' 的张力被作用在 B' 的反作用力所代替了).

回过头来证明我们的命题.

我们把图形转动一下,使它在与水平面垂直的平面内,且使 KL 位于水平线上,同时椭圆在 KL 上方,这时 P 是椭圆的最低点(图 2.59).

然后将穿上圆环且长等于椭圆长轴的细线固定在

数学解题中的物理方法

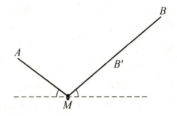

图 2.58

O_1, O_2,令它滑到某一点 M 后静止(处于平衡状态).由前面的事实知:M 在与水平面垂直的平面内,因线长等于椭圆长轴,故 M 在椭圆上.

再由势能最小原理知 M 与 P 重合,从而
$$\angle O_1 PK = \angle O_2 PL$$

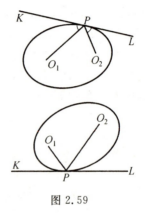

图 2.59

注 此命题揭示了椭圆的一个有趣的声学或光学性质:
当声或光沿椭圆一个焦点发出的话,经椭圆反射后必聚在另一个焦点上.

这也是对"椭圆型音乐厅声响效果为什么好"的数学解释.而圆的切线性质,只是它的特例而已(即两焦点重合时).

例 33 若从抛物线上任一点 P 作与焦点 F 的连线 PF,并作垂直于准线 l 的线段 PD,则它们与过点 P 的抛物线的切线构成的两个角相等(图 2.60).

证 作直线 l' 使它与准线 l 的距离为 $d = 2PF$.把图形旋转使切线 PT 位于水平线上,且使抛物线在其上方(图 2.61).把 l' 视为细长杆,l' 上有一圆环,再把

第 2 章 力学原理在数学中的应用

长为 d 的细线一端固定在 F 点,另一端系在圆环上,细线上也穿挂一圆环. 当系统平衡时,细线中的圆环在 M 处,杆 l' 上的圆环在 D' 处.

易看出 $MD' \perp l'$(从图 2.62 中可以看出:当细线的张力 T 沿杆 l' 的分力 $T_1 \neq 0$ 时,环还要移动).

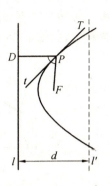

图 2.60

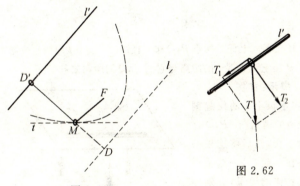

图 2.61

图 2.62

又由 $MD' + MF = d$,延长 $D'M$ 交 l 于 D,则由 l,l' 的距离是 d,有 $MD = MF$,故 M 在抛物线上.

又 M 是抛物线上位置最低的点,故 M 与 P 重合,与例 32 同理:PF 和 PD 与直线 t 构成等角.

注 抛物线的这个性质可以用到光学仪器上,例如探照灯的反光面就是旋转抛物面. 显然把光源置于抛物面焦点时,经反射后的光线是一组平行线.

另一种圆锥曲线是双曲线,它的切线有以下性质:

双曲线的切线与由切点 P 所作的两条焦半径构成的两个角相等,如图 2.63 所示,$\angle F_1PT = \angle F_2PT$.

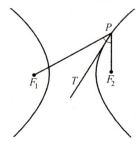

图 2.63

可以仿照上面的办法去证明,这留给读者考虑.

习　题

1. 在平面上任给两点 P,Q 和一直线 $l(P,Q$ 在 l 同侧). 今求一点 R 使它到直线 l 的距离与它到 P,Q 的距离之和最小.

[**提示**:如图 2.64 所示,在木板上 l 的位置刻一光滑的槽沟,在 P,Q 处各钻一孔,然后将三根一端系在一起,另一端系着同重物体的绳子,分别穿过小孔和槽沟,当系统平衡时,结点 R 的位置即为所求.]

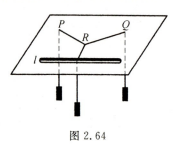

图 2.64

2. 试用势能最小原理证明:双曲线的切线与自切点所作的两条焦半径构成的两个角相等.

2.4 力矩和功原理及其应用

微积分属于高等数学的内容(传统的看法是:初等数学与高等数学以研究对象是常量还是变量来区分),目前的中学教材中已经涉及.

较为正统的看法是:微积分源于牛顿(J. Newton)和莱布尼茨(G. W. Leibniz).从古希腊学者阿基米德(Archimedes)的著作中,也可以找到微积分的痕迹(说得确切些,即已出现微积分的思想),他所用的方法虽属力学,但却推出了球的体积公式.

古希腊人已知道圆锥体体积的求法(计算公式):
$$V_{圆锥} = \pi r^2 h / 3$$
其中 r 为圆锥底圆半径,h 为其高.

我们下面将阿基米德的方法(并非完全如此)用现在的语言加以叙述.

球可以看做是圆绕其直径旋转所产生的.显然,图 2.65 中的圆可由方程
$$x^2 + y^2 = 2ax \quad (2.6)$$
表示,其中 a 为该圆的半径.

将(2.6)两边同乘以 $2a\pi$,得
$$2a(\pi x^2 + \pi y^2) = \pi x (2a)^2$$
$$(2.7)$$

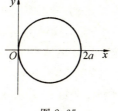

图 2.65

若将 πx^2,πy^2 和 $\pi(2a)^2$ 视为三个圆的面积,则它们分别是三个回转体(旋转体)即球、圆锥、圆柱与垂直于 x 轴距原点为 x 的平面的截

面.其中的球是由前面的圆(2.6)绕 x 轴旋转产生,圆锥系由直线 $y=x$ 绕 x 轴旋转产生,圆柱是由直线 $y=2a$ 绕 x 轴旋转产生,且锥与柱面同底等高(图 2.66).

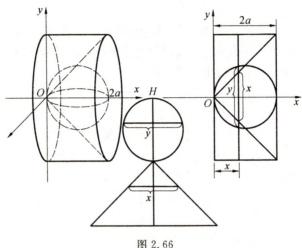

图 2.66

阿基米德将柱面与平面的截面留下,而将球、锥与该平面的截面移到 x 轴负方向距 O 点 $2a$ 的 H 处,且将它们悬于 H 之下由重量可忽略的细线吊着(图 2.66).

若把 x 轴看做一杠杆(它的重量可忽略),原点 O 为支点,方程(2.7)正是它们的力矩等式:左边表示球、锥截面圆的力矩,右边表示圆柱截面圆的力矩,显然此杠杆平衡.

当 x 由 0 变到 $2a$ 时,这些截面分别可以充满球、锥、柱.若以 V 表示球的体积,由上面从截面力矩推到相应的几何体力矩也成立,注意到

$$V_{圆柱}=\pi(2a)^2 \cdot 2a, V_{圆锥}=\frac{1}{3}\pi(2a)^2 \cdot 2a$$

则有 $2a[V+\pi(2a)^2 \cdot 2a/3]=\pi a(2a)^2 \cdot 2a$

从而解得 $V = 4\pi a^3/3$.

这实际上已具备微积分萌芽的思想.

阿基米德利用杠杆的力矩原理完成的另一出色工作是计算抛物弓形的面积. 他的结论是：

设抛物线 AOB 和它垂直于抛物线对称轴的弦 AB 所夹图形的面积为 S（图 2.67），则

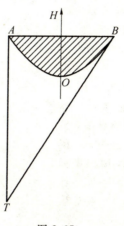

图 2.67

$$S = \frac{1}{3} S_{\triangle ABT}$$

其中 BT 是抛物线过点 B 的切线，AT 是过 A 所作的与抛物线对称轴平行的直线.

为了证明这个结论，阿基米德先证明了下面两个引理：

引理 1 过 AB 的 n 等分点 H_i 所作平行于 OH 轴而与 BT 交于 T_i 的线段 H_iT_i 和抛物线交点 R_i 分线段 H_iT_i 的比与 H_i 分弦 AB 的比相等：$H_iR_i : R_iT_i = AH_i : H_iB$（图 2.68）.

阿基米德原是用初等方法证得的，但很沉繁，这里从略.

注 我们可用解析的办法略证如下：

设抛物线方程为 $y^2 = px$，点 B 坐标为 (a, b).

建立新坐标系，使原点在 B 坐标轴正方向（图 2.69），则旧坐标 (x, y) 与新坐标 (x', y') 的关系为
$$\begin{cases} x = a - x' \\ y = b - y' \end{cases}$$

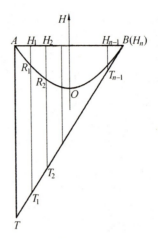

图 2.68

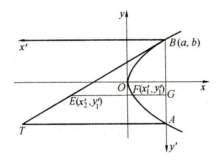

图 2.69

将其代入 $y^2 = px$ 有
$$p(a - x') = (b - y')^2, \text{ 即 } pa - px' = b^2 - 2by' + y'^2$$

又 (a, b) 适合 $pa = b^2$，故上式可变为
$$px' = y'(2b - y') \tag{2.8}$$

这时切线 BT 在新坐标系下的方程为
$$2by' = px' \tag{2.9}$$

由(2.8)和(2.9)可解得纵坐标为 y'_1 的点的横坐标 x'_1 和 x'_2

值(图 2.69)
$$x'_1 = y'_1(2b - y'_1)/p, \quad x'_2 = 2by'_1/p$$
故 $x'_2/x'_1 = 2b/(2b - y'_1)$,由分比定理有
$$(x'_2 - x'_1)/x'_1 = y'_1/(2b - y'_1)$$
注意到 $FG = x'_1, EF = x'_2 - x'_1, BG = y'_1, GA = 2b - y'_1$,故
$$EF/FG = BG/GA$$

为了叙述引理 2,我们在如图 2.70 的分划中,令 $f_1, f_2, \cdots, f_n$ 分别表示梯形 $AF_0R_1H_1, H_1F_1R_2H_2, \cdots$ 的面积,用 $r_1, r_2, \cdots, r_{n-1}$ 分别表示梯形 $H_1R_1Q_1H_2, H_2R_2Q_2H_3, \cdots$ 的面积,且用 $q_1, q_2, \cdots, q_n$ 分别表示梯形 $ATT_1H_1, H_1T_1T_2H_2, \cdots$ 的面积(最后一个是三角形).

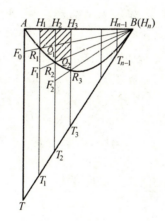

图 2.70

又若把 AB 视为水平方向,延长 BA 到 C 使 $AC = AB$,把 CAB 视为以 A 为支点的等臂杠杆,把梯形 $q_1, q_2, \cdots, q_n$ 视为一些薄而均匀的小片(其重量显然与面积成正比)(图 2.71),故求面积问题即为静力学问题.

数学解题中的物理方法

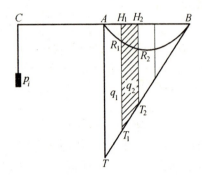

图 2.71

阿基米德在杠杆另一端 C 放置一系列重物 $p_1, p_2, \cdots, p_n$，使之分别与梯形 $q_1, q_2, \cdots, q_n$ 保持平衡. 这样便有：

引理 2　梯形 q_i 对应的砝码 p_i 满足 $r_i < p_i < f_i (i = 1, 2, \cdots, n)$.

证　若把 q_i 的重量视为集中在 H_i，则
$$p_i : q_i = AH_i : AC$$
而 $AC = AB$，又由引理 1 知
$$AH_i : AB = H_i R_i : H_i T_i$$
令其比值为 μ，再由 $AH_i : AB = p_i : q_i$ 知 $p_i = \mu q_i$.

类似地，由三角形的相似比推得
$$\frac{H_{i-1} F_{i-1}}{H_i R_i} = \frac{H_{i-1} B}{H_i B} = \frac{H_{i-1} T_{i-1}}{H_i T_i}$$

再由更比定理得
$$H_{i-1} F_{i-1} : H_{i-1} T_{i-1} = H_i R_i : H_i T_i = \mu$$
即梯形 f_i 和梯形 q_i 的下底之比等于其上底之比.

因它们等高，故 $f_i = \mu q_i$，即砝码 p_i 表示了梯形 f_i 的重量（或面积）.

由于梯形 q_i 的重心与 AT 的距离小于 H_i 与 AT 的

距离,故实际上在点 C 所放与梯形 q_i 保持平衡的砝码 $p_i < f_i$.

类似地,我们可以证明 $p_i > r_i$.

下面我们证明阿基米德关于抛物弓形面积的结论. 令

$$P = \sum_{i=1}^{n} p_i, R = \sum_{i=1}^{n-1} r_i, F = \sum_{i=1}^{n} f_i$$

则 $R < P < F$.

既然点 C 各砝码之和 P 能与 $\triangle ABT$ 重量保持平衡,而 $\triangle ABT$ 重心距 AT 的距离为 $\frac{1}{3}AB$,故 $P = \frac{1}{3}S_{\triangle ABT}$,从而

$$R < \frac{1}{3}S_{\triangle ABT} < F$$

当 AB 的等分点无限加密封时,R, F 有共同的极限——抛物弓形的面积 S,从而 $S = \frac{1}{3}S_{\triangle ABT}$.

注 1 当弦 AB 与抛物线对称轴不垂直时,结论也成立.

注 2 这个问题我们可用解析法证明(图 2.72).

设抛物线方程为 $y^2 = 4px$,A, B 坐标分别为 $(p\lambda^2, 2p\lambda)$,$(p\mu^2, 2p\mu)$,则切线 AT', BT' 的方程分别为

$$\lambda y = x + p\lambda^2, \quad \mu y = x + p\mu^2$$

解联立方程可得 T' 的坐标 $(p\lambda\mu, p(\lambda + \mu))$.

取 AB 的中点 M,则其坐标是 $(p(\lambda^2 + \mu^2)/2, p(\lambda + \mu))$,连接 $T'M$,交抛物线于 C. 由于 $T'M$ 斜率为零,可知 $T'M \parallel x$ 轴,故 C 的坐标为 $(p(\lambda^2 + \mu^2)/4, p(\lambda + \mu))$,这就是说 C 是 $T'M$ 的中点. 于是,

$$S_{\triangle ABC} = S_{\triangle AMC} + S_{\triangle BMC} = \frac{1}{2}S_{\triangle AMT'} + \frac{1}{2}S_{\triangle BMT'} = \frac{1}{2}S_{\triangle ABT'}$$

又过 C 作抛物线的切线,分别交抛物线切线 AT', BT' 于

数学解题中的物理方法

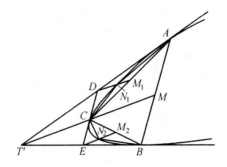

图 2.72

D, E,则可算得 DE, AB 的斜率

$$k_{DE} = 2p/y_C = 2p/(p(\lambda+\mu)) = 2/(\lambda+\mu)$$
$$k_{AB} = (y_B - y_A)/(x_B - x_A) = 2/(\lambda+\mu)$$

所以 $DE \parallel AB$,从而可得 $T'D = DA, T'E = EB$.

所以 $\quad S_{\triangle ACD} = \dfrac{1}{2} S_{\triangle ACT'} = \dfrac{1}{4} S_{\triangle AMT'} = \dfrac{1}{8} S_{\triangle ABT'}$

同理可证 $\quad S_{\triangle BCE} = \dfrac{1}{8} S_{\triangle ABT'}$

重复上述步骤,取 AC, BC 的中点 M_1, M_2,连接 DM_1, EM_2 分别交抛物线于 N_1, N_2,可有

$$S_{\triangle ACN_1} = \dfrac{1}{2} S_{\triangle ACD} = \dfrac{1}{16} S_{\triangle ABT'}$$

$$S_{\triangle BCN_2} = \dfrac{1}{2} S_{\triangle BCE} = \dfrac{1}{16} S_{\triangle ABT'}$$

如此下去,抛物弓形面积 S 即为 $\triangle ABC, \triangle ACN_1$, $\triangle BCN_2$ 等三角形面积组成的无穷序列之和

$$S = S_{\triangle ABC} + (S_{\triangle ACN_1} + S_{\triangle BCN_2}) + \cdots =$$
$$\dfrac{1}{2} S_{\triangle ABT'} + 2 \cdot \dfrac{1}{16} S_{\triangle ABT'} + \cdots =$$
$$\dfrac{1}{2} S_{\triangle ABT'} \left(1 + \dfrac{1}{4} + \dfrac{1}{4^2} + \cdots\right) = \dfrac{2}{3} S_{\triangle ABT'}$$

上式中,注意到

$$1 + \dfrac{1}{4} + \dfrac{1}{4^2} + \cdots = \dfrac{1}{1 - 1/4} = \dfrac{4}{3}$$

第 2 章 力学原理在数学中的应用

即可.

注意,这里的 $\triangle ABT'$ 与上述引理中的 $\triangle ABT$ 不同:这里 $T'A,T'B$ 均是抛物线切线,而上例中三角形的 TB 是抛物线切线,但 TA 却为抛物线对称轴的平行线,故在例中 $S = \frac{1}{3}S_{\triangle TAB}$. 由此我们还可得到

$$S_{\triangle ABT'} = 2S_{\triangle ABT}$$

力学最早出现于古希腊,当时著名的学者亚里士多德(Aristotle)在他的著作《物理学》和《力学》中,已阐述了运动和力的关系. 阿基米德则将力学方法用于数学.

微积分的出现与运动学(当然也与力学)有着密切的联系——反之也正是由于有了强有力的数学工具,才使得力学有了突破性的进展,运动三定律的提出者,也正是微积分的发明人之一——牛顿.

力学研究是以数学为工具的,然而在力学的研究中,又产生了不少新的数学理论. 例如雅可比(C. G. Jacobi)和贝努利(Bernoulli)弟兄在研究物体(质点)运动最速降线问题时,创立了"变分法".

我们再来看几个利用力矩解题的例子.

例 34 设 a,b,c 分别为 $\triangle ABC$ 的三个顶点到三角形外一直线 l 的距离,又 G 为 $\triangle ABC$ 的重心,G 到 l 的距离为 g,试证 $a+b+c=3g$.

证 设在 $\triangle ABC$ 三顶点处放置单位质量的质点,则整个质点系重心在 G 且质点系重量为 3(图 2.73).

考虑质点系对直线 l 上某点的力矩(设重力与 l 方向垂直)为 $a+b+c$;另一方面它又为 $3g$,因而 $a+b+c=3g$.

若重力方向与 l 不垂直,证明与上类似,只不过差一个三角函数的倍数罢了.此结论还可稍加推广.

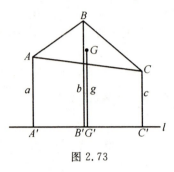

图 2.73

下面是几道稍复杂的几何问题,为了解答它们,先来看三个引理.

引理 3 平面上 n 个点 $X_k(k=1,2,\cdots,n)$ 处分别放置质量为 m_k 的质点,若 O 是其重心,则

$$m_1 \overrightarrow{OX_1} + m_2 \overrightarrow{OX_2} + \cdots + m_n \overrightarrow{OX_n} = \mathbf{0}$$

这由力矩性质不难得到.

引理 4 平面上 n 个点 $X_k(k=1,2,\cdots,n)$ 处分别放置质量为 m_k 的质点,若 O 是其重心,X 是平面上任一点,则

$$\overrightarrow{XO} = \frac{m_1 \overrightarrow{XX_1} + m_2 \overrightarrow{XX_2} + \cdots + m_n \overrightarrow{XX_n}}{m_1 + m_2 + \cdots + m_n}$$

证 若 X,O 是平面上的任意两点,由力矩性质有

$$m_1 \overrightarrow{OX_1} + m_2 \overrightarrow{OX_2} + \cdots + m_n \overrightarrow{OX_n} = (m_1 + m_2 + \cdots + m_n)\overrightarrow{OX} + m_1 \overrightarrow{XX_1} + m_2 \overrightarrow{XX_2} + \cdots + m_n \overrightarrow{XX_n}$$

又由题设 O 是质点组重心,故有(图 2.74)

$$(m_1 + m_2 + \cdots + m_n) \overrightarrow{OX} + m_1 \overrightarrow{XX_1} + m_2 \overrightarrow{XX_2} + \cdots + m_n \overrightarrow{XX_n} = \mathbf{0}$$

第 2 章 力学原理在数学中的应用

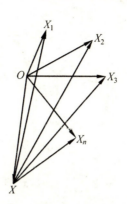

图 2.74

则 $\vec{XO} = \dfrac{m_1 \vec{XX_1} + m_2 \vec{XX_2} + \cdots + m_n \vec{XX_n}}{m_1 + m_2 + \cdots + m_n}$

这里注意到 $\vec{XO} = -\vec{OX}$

引理 5 若平面上 n 个点 $A_1, A_2, \cdots, A_n$ 处分别放置质量为 $m_1, m_2, \cdots, m_n$ 的质点,O 为其重心,X 为平面上任一点,则

$$m_1 XA_1^2 + m_2 XA_2^2 + \cdots + m_n XA_n^2 =$$
$$m_1 OA_1^2 + m_2 OA_2^2 + \cdots + m_n OA_n^2 +$$
$$(m_1 + m_2 + \cdots + m_n) OX^2$$

证 设 $\boldsymbol{a}_i = \vec{OA_i}, \boldsymbol{x} = \vec{XO}$,题设 O 为质点组重心(图 2.75),则有

$$m_1 \boldsymbol{a}_1 + m_2 \boldsymbol{a}_2 + \cdots + m_n \boldsymbol{a}_n = \boldsymbol{0}$$

而 $m_1 XA_1^2 + m_2 XA_2^2 + \cdots + m_n XA_n^2 =$
$m_1 |\boldsymbol{x} + \boldsymbol{a}_1|^2 + m_2 |\boldsymbol{x} + \boldsymbol{a}_2|^2 + \cdots + m_n |\boldsymbol{x} + \boldsymbol{a}_n|^2 =$

数学解题中的物理方法

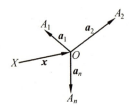

图 2.75

$$(\sum_{k=1}^{n} m_k) \mid \boldsymbol{x} \mid^2 + 2\sum_{k=1}^{n}(m_k \boldsymbol{a}_k, \boldsymbol{x}) + \sum_{k=1}^{n} m_k \mid \boldsymbol{a}_k \mid^2 =$$
$$\sum_{k=1}^{n} m_k OX^2 + \sum_{k=1}^{n} m_k OA_k^2.$$

这里 $(\boldsymbol{a}, \boldsymbol{b})$ 表示向量 $\boldsymbol{a}, \boldsymbol{b}$ 的内积(或称数积),或记 $\boldsymbol{a} \cdot \boldsymbol{b}$.

我们来看几个具体例子.

例 35 如图 2.76 所示,M 是 $\triangle ABC$ 的重心,X 是平面上一点,则 $3MX^2 = AX^2 + BX^2 + CX^2 - \dfrac{1}{3}(a^2 + b^2 + c^2)$.

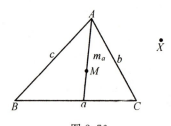

图 2.76

证 设 A, B, C 处分别放置单位质量的质点,则 M 为其重心,于是由引理 5 有(此时 $m_k = 1, k = 1, 2, 3$)
$$AX^2 + BX^2 + CX^2 = AM^2 + BM^2 + CM^2 + 3MX^2$$
由三角形 a 边中线

第 2 章 力学原理在数学中的应用

$$m_a^2 = \frac{1}{4}(2b^2 + 2c^2 - a^2)$$

有 $\quad AM^2 = \left(\dfrac{2m_a}{3}\right)^2 = \dfrac{1}{9}(2b^2 + 2c^2 - a^2).$

同理得

$$BM^2 = \frac{1}{9}(2a^2 + 2c^2 - b^2), CM^2 = \frac{1}{9}(2a^2 + 2b^2 - c^2)$$

故 $\quad AM^2 + BM^2 + CM^2 = \dfrac{1}{3}(a^2 + b^2 + c^2)$

从而有

$$AX^2 + BX^2 + CX^2 = \frac{1}{3}(a^2 + b^2 + c^2) + 3MX^2$$

再来看两个不等式的例子.

例 36 在半径为 R 的 $\odot O$ 内有 n 个点,求证其中每两点距离的平方和不超过 $n^2 R^2$.

证 设 $\odot O$ 内 n 个点 $X_1, X_2, \cdots, X_n$ 处分别放置质量为 $m_1, m_2, \cdots, m_k$ 的质点,M 为其重心.

用 I_{xk} 表示 X_k 对 $\odot O$ 内任一点 X 的重力矩(重力乘以该点至 X 的距离),则 $\sum\limits_{k=1}^{n} I_{xk}$ 为已知点中每两点之间距离平方和的倍数.

记 I_M, I_O 为 M, O 对 X 的重力矩,则由

$$I_{xk} = I_M + nX_k M^2, \ \ 又 \ I_O = I_M + nOM^2$$

则 $\quad I_{xk} = I_O + n(X_k M^2 - OM^2)$

故 $\quad \sum\limits_{k=1}^{n} I_{xk} = nI_O + n\sum\limits_{k=1}^{n} X_k M^2 - n^2 OM^2 =$
$$n(I_O - nOM^2) + nI_M = 2nI_M$$

比较前面两式有 $I_M \leqslant I_O$,再将 I_O 表达式给出可有

$$2nI_M \leqslant 2nI_O = 2n\sum_{k=1}^{n} X_k O^2 \leqslant 2n^2 R^2$$

当 $M=0$ 时,前一不等式成为等式;而当 $x_1, x_2, \cdots, x_n$ 位于圆周上时,后一不等式成为等式.

例 37 在凸 n 边形 $A_1A_2\cdots A_n$ 内取一点 O,使 $\overrightarrow{OA_1}+\overrightarrow{OA_2}+\overrightarrow{OA_3}+\cdots+\overrightarrow{OA_n}=\mathbf{0}$,设 $d=OA_1+OA_2+\cdots+OA_n$. 若记 l_n 为此 n 边形周长,试证:当 n 为偶数时,$l_n \geqslant \dfrac{4}{n}d$;$n$ 为奇数时,$l_n \geqslant \dfrac{4n}{n^2-1}d$.

证 在 n 边形 $A_1A_2\cdots A_n$ 顶点放置单位质量的质点,O 为其重心,根据引理 4,有

$$\overrightarrow{A_iO} = \frac{1}{n}(\overrightarrow{A_iA_1}+\overrightarrow{A_iA_2}+\cdots+\overrightarrow{A_iA_n})$$

则有不等式

$$A_iO \leqslant \frac{1}{n}(A_iA_1+A_iA_2+\cdots+A_iA_n)(i=1,2,\cdots,n)$$

将上述各不等式两边相加得

$$d = A_1O + A_2O + \cdots + A_nO \leqslant \frac{1}{n}\sum_{i,j=1}^{n} A_iA_j$$

设 l_n 是 n 边形周长,且若 n 是偶数,令 $n=2m$;若 n 是奇数,令 $n=2m+1$,则

$$A_1A_2 + A_2A_3 + \cdots + A_{n-1}A_n = l_n,$$
$$A_1A_3 + A_2A_4 + \cdots + A_{n-1}A_1 + A_nA_2 \leqslant 2l_n,$$
$$\vdots$$
$$A_1A_{m+1} + A_2A_{m+2} + \cdots + A_nA_m \leqslant ml_n$$

这一点只须注意到(图 2.77)多边形边的性质:一边小于其他边之和即可.

比如由图 2.77(a) 知

$$A_1A_3 \leqslant A_1A_2 + A_2A_3$$
$$A_2A_4 \leqslant A_2A_3 + A_3A_4$$

第 2 章 力学原理在数学中的应用

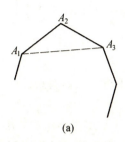
(a)

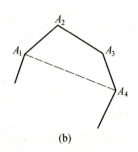
(b)

图 2.77

$$\vdots$$
$$A_{n-1}A_1 \leqslant A_{n-1}A_n + A_nA_1$$
$$A_nA_2 \leqslant A_nA_1 + A_1A_2$$

将上列各式两边相加得

$$A_1A_3 + A_2A_4 + \cdots + A_{n-1}A_1 + A_nA_2 \leqslant$$
$$A_1A_2 + A_2A_3 + A_2A_3 + A_3A_4 + \cdots + A_{n-1}A_n +$$
$$A_nA_1 + A_nA_1 + A_1A_2 = 2l_n$$

以下各式可仿此推得.

上述各不等式左边为多边形全部边和对角线,而在 $\sum_{i,j=1}^{n} A_iA_j$ 中,每条边和对角线均出现两次,故有

$$d \leqslant \frac{1}{n}\sum_{i,j=1}^{n} A_iA_j \leqslant \frac{2}{n}\sum_{k=1}^{m} kl_n = \frac{m(m+1)}{n}l_n$$

当 $n=2m$ 时,和 $A_1A_{m+1} + A_2A_{m+2} + \cdots + A_nA_m$ 中每条对角线出现两次,这样上面不等式中 ml_n 可用 $\frac{1}{2}ml_n$ 代替,即

$$d \leqslant \frac{2}{n}[l_n + 2l_n + \cdots + (m-1)l_n + \frac{m}{2}l_n] = \frac{m^2}{n}l_n$$

即当 n 为偶数时 $d \leqslant \frac{m^2}{n}l_n = \frac{n}{4}l_n$,$l_n \geqslant \frac{4}{n}d$.

当 n 为奇数时 $d \leqslant \dfrac{m(m+1)}{n}l_n = \dfrac{(n+1)(n-1)}{4n}l_n = \dfrac{n^2-1}{4n}l_n$, $l_n \geqslant \dfrac{4n}{n^2-1}d$.

最后我们给出一个利用质点组重心结论解拼图问题的例子.

例 38 求证:(见图 2.78)由 n 个 A 图形和 k 个 B 图形(它们均由 4 个小方格组成)组成中心对称图形时,n 定为偶数.

图 2.78

证 如图 2.79 所示,我们将原图形细分成更小的格(每一小格一分为四),容易证明:A 图形的重心在 O_1(某小格中心);而 B 图形的重心在 O_2(某小格的顶点处),它与其对称中心重合.

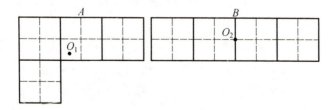

图 2.79

在每个 A,B 图形重心处放置单位质量的质点,根据题设,由它们组成的图形是中心对称图形,故整个系统的重心与其对称中心重合,记为 O.

设 A 图形的重心分别为 $O_{1m}(m=1,2,\cdots,n)$,而 B 图形的重心分别为 $O_{2l}(l=1,2,\cdots,k)$,又它们质量相等,由例 34 后面的引理 3 得

$$\sum_{m=1}^{n} \overrightarrow{OO}_{1m} + \sum_{l=1}^{k} \overrightarrow{OO}_{2l} = \mathbf{0}$$

若 n 为奇数,则向量和中有无法相消的向量坐标,其向量和不为零. 故 n 必为偶数.

前面我们曾应用势能最小原理,证明了圆锥曲线切线的性质,下面再从柔韧细线张力功方面来讨论它们的性质. 为此我们先复习一下物理学中关于柔韧细线张力功的命题:

（1）柔韧细线所有点的张力相等,且细线长度改变时,张力不变;

（2）柔韧细线的势（位）能等于它的长度乘以张力;

（3）若细线移动时张力功等于零,则细线的长度没有变化.

有了这些结论,我们再来讨论关于圆锥曲线切线的性质.

例 39 椭圆上任一点的法线必定是该点到两焦点（又称它们为矢径）连线夹角的平分线.

证 设 P 是椭圆上任一点,F_1,F_2 是它的焦点（图 2.80）. 把形如 F_1PF_2 的弹性细线（它的长恰好为椭圆的长轴）系在焦点 F_1,F_2 上,使 P 沿椭圆运动从而移动这条折线. 因为 P 仅在椭圆上移

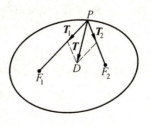

图 2.80

动,故细线的长度不变(椭圆性质).所以在任何时刻,张力做功均为零.

这样张力所做的功可以归结到点 P 的作用所做的功,而作用力即两个相等的张力 T_1, T_2,方向分别是 PF_1 和 PF_2,由力的合成知它们的合力 T 指向 $\angle F_1PF_2$ 的角平分线 PD 的方向.

既然当 P 沿椭圆运动时其张力 T 的功始终为零,知张力与运动方向垂直,故 T 在每一时刻都指向椭圆法线方向.故椭圆上任一点的法线平分该点两矢径的夹角.

注 这个命题与前面所证关于圆锥曲线切线性质的命题是等价的.

我们再来看抛物线切线性质的命题.

例 40 抛物线上任一点的法线必平分该点到焦点连线和它垂直于准线的直线所成的角.

证 设 P 是抛物线上任一点,我们将一条形如 FPE 的细线(长度为它到焦点和准线的距离之和 a),一端系在点 F,另一端 E 在 l'(l' 距准线 l 为 a)上滑动.

使 $PE \perp l'$,且 P 在抛物线上滑动.

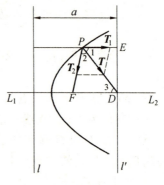

图 2.81

因 $PE + PF = a$,故细线长保持不变,因而张力功等于零,即在点 P 和 E 的张力所做功之和为零.

作用在 E 的张力功为零(因为 T_1 的方向与 l' 垂

直),且 E 沿 l' 运动(即在点 E 的张力功恒为零),从而在点 P 的张力功也为零.

仿上例可证命题结论是正确的.

注 此命题与前面介绍的关于抛物线切线性质的命题等价.

又由此可得出抛物线法线的作法:在 $L_1 L_2$ 上自 F 截取 $FD = FP$,则 $\overrightarrow{PD}$ 即为该点的法线.

它的证明是显然的:注意到 $\angle 2 = \angle 3$ 和 $\angle 1 = \angle 3$,则有 $\angle 1 = \angle 2$.

习　　题

1. 试证:自 n 边形各顶点向形外直线 l 作平行线段,这些平行线段之和为由该 n 边形重心向 l 所作平行线段长的 n 倍.

2. 求证:过抛物线 $y^2 = 2px$ 的准线上任一点所作的两条切线互相垂直.

3. 若 O 是 $\triangle ABC$ 的外心,H 为此三角形的垂心,求证 $OH^2 = 9R^2 - a^2 - b^2 - c^2$.

〔提示:设 $AO = OB = CO = k$,则由例 35 的结论有 $3MO^2 = AO^2 + BO^2 + CO^2 - \frac{1}{3}(a^2 + b^2 + c^2)$,注意到 $OH = 3OM$.〕

数学解题中的物理方法

光学原理在数学中的应用

第 3 章

> 因为世界结构的完美无缺,故在此世界上任何事情的发生,其极大或极小原因没有不水落石出的.
> —— 欧拉(L. Euler)

在几何光学里,我们学过许多原理:像费马(Fermat)原理、光的反射定律、光的折射定律等,它们不仅在我们解决数学问题时能给予我们某些启示,甚至可以给我们提供某些方法. 为了应用方便,我们把这些原理先复述一遍.

费马原理 在光学媒质里,光线由点 A 到点 B 所走的途径,是连接点 A 到点 B 的所有曲线中光学长度最短的一条.

第 3 章 光学原理在数学中的应用

由此可知：**在均匀的光学媒质里，光线沿直线传播**.

注 1 费马原理是在 1657 年提出的，最初是用微积分方法来证明的，人们很长时间一直怀疑它的初等数学法（证明）存在的可能性. 但 1962—1964 年间国际上相继出现好几种初等数学的证法. 这里介绍其中的一种.

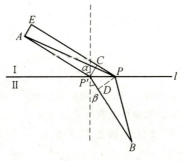

图 3.1

若设 $AP'B$ 为光线从介质 Ⅰ 进入介质 Ⅱ 的路径（图 3.1），光在它们中的速度分别为 v_1 和 $v_2(v_2 > v_1)$，光沿此线传播所需时间为

$$t_1 = AP'/v_1 + P'B/v_2$$

在两介质面界线 l 上任取一点 P，光沿 APB 传播所需时间为

$$t_2 = AP/v_1 + PB/v_2$$

今只须证 $t_1 < t_2$.

过 P 作 $PD \perp P'B$，$PE \parallel P'A$，过 A 作 $AE \perp PE$，过 P' 作 $P'C \perp PE$，且令 $\angle CP'P = \alpha$，$\angle DPP' = \beta$，则

$$\frac{CP}{DP'} = \frac{CP/P'P}{DP'/P'P} = \frac{\sin\alpha}{\sin\beta}$$

由光的折射定律（见下文）$\dfrac{\sin\alpha}{\sin\beta} = \dfrac{v_1}{v_2}$ 得

$$\frac{CP}{DP'} = \frac{v_1}{v_2} \quad \text{即} \quad \frac{CP}{v_1} = \frac{DP'}{v_2}$$

于是 $t_1 = AP'/v_1 + P'B/v_2 =$
$EC/v_1 + (P'D + DB)/v_2 =$
$EC/v_1 + CP/v_1 + DB/v_2 =$

数学解题中的物理方法

$$（因为 CP/v_1 = DP'/v_2）$$
$$EP/v_1 + DB/v_2$$
$$t_2 = \frac{AP}{v_1} + \frac{PB}{v_2} >$$
$$EP/v_1 + PB/v_2 >（因为 AP > EP）$$
$$EP/v_1 + DB/v_2（因为 PB > DB）$$

所以 $t_1 < t_2$，即光行最速原理证毕.

注 2 它的初等证法还有很多，有兴趣的读者可参见上海教育出版社出版的《初等数学论丛》（第 3 辑）中铁铮的文章《从光行最速原理推导折射定律》.

笛卡儿光线反射定律 在均匀的光学媒质里，入射角等于反射角.

菲涅尔[①]光线折射定律 光线从一种媒质进入另一种媒质时发生折射，若光线在两种媒质中的速度分别为 v_1 和 v_2，又入射角为 α（入射光线与法线的夹角），折射角为 β（出射光线与法线的夹角），则它们满足（图 3.2）

$$\frac{\sin \alpha}{v_1} = \frac{\sin \beta}{v_2}$$

利用上面的结论，我们可以漂亮地处理一些问题.

在 2.3 节关于两栖车辆选择登陆点的例子中，若从费马光行最速原理考虑，结论几乎是显然的.

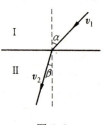

图 3.2

设光在两种介质中的传播速度分别为 v_1, v_2，只须

---

① 菲涅尔（A. J. Fresnel），法国物理学家，1821 年通过实验发现光的折射定律.

第3章 光学原理在数学中的应用

将 A 视为入射线的点光源,将 B 视为折射线的终端,根据折射定律可有

$$\sin \alpha / \sin \beta = v_1 / v_2$$

又由费马原理知光行最速线,即可求得点 X 的位置.

下面我们举几个利用光的反射性质来考虑问题的例子.

前面我们已经介绍过:周长一定的封闭曲线所围成图形的面积以圆的面积最大(等周定理).

同样,面积相等的图形以圆的周长最小.

在本书开头页下注中我们已经谈到,传说泰雅王的一个流浪女儿迪多,在历尽辛苦抵达非洲海岸迦太基时(她是当地传说中的第一位女皇),想用她所带珠宝从当地土著民族手中换一块海边土地(海岸是平直的),对方出让土地的测量方式很奇特:用不大于一张牛皮所割皮条所能圈住的地块(图3.3),那么怎样圈才能使这些皮条所围地块面积最大?

迪多利用图形反射的性质,将这个问题化成等周问题处理,答案便是显然的:所圈图形应是半圆(图3.4).

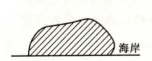

图 3.3　　　　　图 3.4

故事的真伪我们且不考证,但它却给了我们某些

启示,使我们想到利用反射(或称镜射)性质可解决一些问题.

在几何中,下面的问题为人们所熟知:河岸同侧有 A,B 两村,今打算在河岸边修一码头,问修在何处可使它与两村距离之和最小?

只须将 A 村以河岸 CD 为反射镜面成像于 A'①,则 A',B 的连线与 CD 的交点 M 即为所求码头的位置(图 3.5).它的道理比较简单,请读者自己考虑.

注 显然,M 又是以 A,B 为焦点的共焦椭圆族中可与 CD 相切的切点(图 3.6).

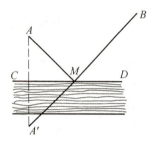

图 3.5　　　　　　图 3.6

用这种方法研究最短程问题,早在两千多年前的古希腊人已有研究,其中最有名的便是由古希腊亚历山大城的海伦(Helen)发现的"海伦光线原理",即用光学方法研究得到的圆锥曲线切线与矢径夹角相等的原理.(也有人认为"海伦原理"指的是下述事实:光线经界面反射,反射角等于入射角;或目标与眼睛之间光线走最短路的原理.)这方面最精彩的例子要数所谓

---

① A' 称为 A 关于 CD 的像,而 A 叫 A' 的原像.若将平面图形 F 上每一点作某直线 l 的反射像点,则这些像点组成的图形 F' 称为 F 的像(或像图形).

"施瓦兹(Schwarz)问题". 施瓦兹(L. Schwarz)是 19 世纪德国著名的数学家,他曾根据光的折射性质,通过对三角形的多次反射,证明了下面的命题:

例 1 三角形里所作的内接三角形中,以垂足三角形(即以原三角形的三个高的垂足为顶点的三角形)周长最小.

证 1 我们先来证明垂足三角形的一个性质:垂足三角形过同一顶点上的两条边与原三角形一边所构成的夹角相等.

事实上因 $\angle AQH = \angle ARH = 90°$(图 3.7),则 A,R,H,Q 四点共圆,故 $\angle QAH = \angle QRH$,从而 $\angle ARQ = \angle ACB$.

同理可证 P,B,R,H 四点共圆,故 $\angle HRP = \angle HBP$,从而

$$\angle PRB = \angle ACB$$

因此 $\angle ARQ = \angle PRB$

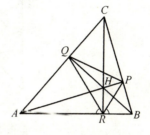

图 3.7

利用上面的性质,我们可以将 △ABC 多次反射,而使问题获得证明.

如图 3.8 所示,若 △PQR 是 △ABC 的垂足三角形,而 △LMN 是任意的内接于 △ABC 的三角形.

将 △ABC 连续作五次反射变换(图 3.8),易证得 QQ' 是一条直线段,它由六条线段组成,且恰为 △PQR 周长的两倍.

而折线 $MN \cdots M'$ 也是由六条线段组成,它的长是

数学解题中的物理方法

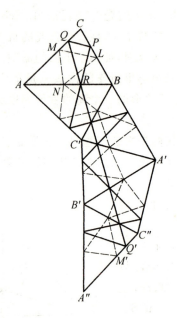

图 3.8

△LMN 周长的两倍.

由三角形反射中角的关系我们可以证明 $AC \parallel A''C''$.

这样,因两平行直线上点间的连线以直线段最短,从而证得 $QQ' \leqslant MN \cdots M'$. 即

△PQR 的周长 $\leqslant$ △LMN 的周长

余下的问题,只须证明在顶点处具有等角性质的三角形唯一即可.

设 △LMN 是具有三顶点处有等角性质的三角形(图 3.9),故

$$\angle 2 + \angle 3 = 180° - \angle A$$
$$\angle 3 + \angle 1 = 180° - \angle B$$

$\angle 1 + \angle 2 = 180° - \angle C$

三式相加,注意到 $\angle A + \angle B + \angle C = 180°$,便有

$\angle 1 + \angle 2 + \angle 3 = 180°$

又因为 $\angle A + \angle 2 + \angle 3 = 180°$,所以 $\angle 1 = \angle A$,类似地有 $\angle 2 = \angle B, \angle 3 = \angle C$.

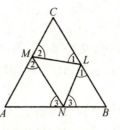

图 3.9

有此性质的三角形必与 △PQR 相似,注意到它也内接于 △ABC,故它唯一.命题证毕.

注 这里的 △PQR 又称为"光线三角形",它的意义是显见的.

下面我们仍用反射原理给出该命题的另一种证法.

证 2 我们先考虑下面的事实(图 3.10):U 是 BC 上一点,它分别以 AB, AC 为镜面成像于 U'', U'. 易知 △UVW 的周长 $= UV + VW + WU =$ 折线 $U'VWU''$.

另外,我们还可以看到:若 U 固定,则 U', U'' 也固定.这时改变 △UVW 的另两顶点 V, W,总可使三角形周长最小,即当折线变成直线段,其长最小.这样显然 △UMN

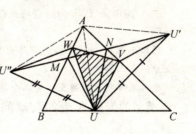

图 3.10

为所求,即以 $U'U''$ 连线与 AB, AC 的交点 M, N 和 U 为顶点的三角形.

下一步即可讨论点 U 了,即要确定 U 使得线段

$U'U''$ 最短.

注意 $\triangle AU'U''$ 是等腰三角形（因为 $AU' = AU = AU''$），又其顶角 $\angle U'AU''$ 与 U 的位置无关,这只须注意到 $\angle U'AU'' = 2\angle BAC$ 即可（请读者考虑一下为什么）.

这样只须使 $\triangle AU'U''$ 的底尽可能地小,因其顶角固定,故有最短底者必有最短的腰,但腰 AU',AU'' 都等于 AU,故只须使 AU 最短即可,它显然应是自 A 向 BC 所作的垂线.

这样自 A 向对边 BC 所作垂线 AE 为所求（图 3.11）,即将它以 AB,AC 为镜面成像于 E'',E',则 $E'E''$ 连线与 AB,AC 的交点 G,F 便是最小内接三角形的其他两个顶点.

显然由上面讨论还可知：最短周界的内接三角形唯一.

经类似的讨论可知,G,F 必是三角形另两边高上的垂足（可重复上面对于 U 的讨论）.

注 庞加莱（Poincare）曾将此命题推广,提出三个圆的反射问题：

已知三圆 O_1,O_2,O_3,能否作出光线 $\triangle ABC$,使它的三个顶点分别在三圆上？

庞加莱证明该问题至少有八个解.

类似的问题在诸如台球问题中也会遇到,请看下例.

例 2 一张台球桌形状是正六边形 $ABCDEF$,一个球从 AB 的中点 P 被击出,击中 BC 边上的某点 Q,并且依次碰击 CD,DE,EF,FA 各边,最后击中 AB 边上的某一点,设 $\angle BPQ = \theta$,求 θ 的取值范围（图 3.12）.

证 将正六边形 $ABCDEF$ 多次反射成像后（分

128

第 3 章 光学原理在数学中的应用

别以 $CD, E_1D_1,$ $F_1E_1, \cdots$ 为镜面),延长 PQ 交这些正六边形于 $R_1, S_1, T_1, U_1,$ V_1 各点.

设球击中 $CD,$ DE, EF, FA, AB 各边的点分别是 $R, S, T,$ $U, V,$ 由于入射角等于反射角,易证

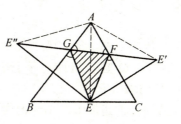

图 3.11

$\triangle QCR_1 \cong \triangle QCR, \triangle R_1D_1S_1 \cong \triangle RDS,$ $\triangle S_1E_1T_1 \cong \triangle SET, \triangle T_1F_1U_1 \cong \triangle TFU, \triangle U_1A_1V_1$ $\cong \triangle UAV.$

球击中 CD 上的 R 点,相当于球击中 CD_1 上 R_1 点;球击中 DE 上 S 点相当于球击中 D_1E_1 上 S_1 点,依此类推.

因此,球行走的折线 $PQRSTUV$ 便转化为直线 $PQR_1S_1T_1U_1V_1,$ 那么只须讨论直线 PV_1 即可.

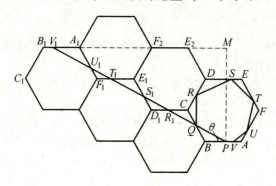

图 3.12

易证 B_1, A_1, F_2, E_2 共线,设这一直线与 AB 的中

129

垂线相交于 M，并有 $B_1M \parallel BA$，$B_1M \perp MP$.

易证 B_1, F_1, D_1, B 共线，A, C, E_1, A_1 共线.

因为 $B_1A_1 \underline{\parallel} BA$，所以 BB_1A_1A 是平行四边形.

若 PQ 延长后能与平行四边形内的线段 CD_1，D_1E_1, E_1F_1, F_1A_1 相交，并与 A_1B_1 相交，则线段 PV_1 应在平行四边形 BB_1A_1A 的内部. 因此，必有

$$\angle PB_1M < \angle PV_1M = \angle BPQ = \theta < \angle PA_1M$$
(3.1)

不失一般性，设正六边形边长为 1，则

$$B_1M = 5, A_1M = 4, PM = \frac{3}{2}\sqrt{3}$$

$$\tan\angle PB_1M = \frac{MP}{B_1M} = \frac{3\sqrt{3}/2}{5} = \frac{3\sqrt{3}}{10}$$

$$\tan\angle PA_1M = \frac{MP}{A_1M} = \frac{3\sqrt{3}/2}{4} = \frac{3\sqrt{3}}{8}$$

根据 (3.1)，$\frac{3\sqrt{3}}{10} < \tan\theta < \frac{3\sqrt{3}}{8}$，因此 θ 的取值范围是

$$\tan^{-1}\frac{3\sqrt{3}}{10} < \theta < \tan^{-1}\frac{3\sqrt{3}}{8}$$

注 1 上面所示各方法的实质是将折线通过相应的变换化为直线来讨论.

注 2 上面是用反射方法解的，若直接由入射角等于反射角入手，还可证明如下：

设球依次击中 BC, CD, DE, EF, FA, AB 各边上的点 Q, R, S, T, U, V（图 3.13），根据入射角等于反射角的原理

$$\angle PQB = \angle RQC$$

$$\angle B = \angle C = 120°$$

因此 $\triangle PQB \backsim \triangle RQC$. 有

$$\frac{BQ}{BP} = \frac{CQ}{CR}$$

第 3 章 光学原理在数学中的应用

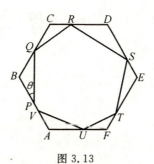

图 3.13

同理依次推得

$$\frac{BQ}{BP} = \frac{CQ}{CR} = \frac{DS}{DR} = \frac{ES}{ET} = \frac{FU}{FT} = \frac{AU}{AV}$$

不失一般性,设正六边形的边长为 1,并设上述比例式的比值为 $2k$,注意到 $BP = 1/2$,则有

$$BQ = k, CQ = 1-k, CR = \frac{1-k}{2k}$$

$$DR = \frac{3k-1}{2k}, DS = 3k-1, ES = 2-3k$$

$$ET = \frac{2-3k}{2k}, FT = \frac{5k-2}{2k}, FU = 5k-2$$

$$AU = 3-5k, AV = \frac{3-5k}{2k}$$

为了使球能依次碰击各边,k 应满足下列不等式组

$$\begin{cases} 0 < k < 1, \\ 0 < \dfrac{1-k}{2k} < 1, \\ 0 < 3k-1 < 1, \\ 0 < \dfrac{2-3k}{2k} < 1, \\ 0 < 5k-2 < 1, \\ 0 < \dfrac{3-5k}{2k} < 1; \end{cases} \quad 即 \quad \begin{cases} 0 < k < 1, \\ k > 1/3, \\ k < 2/3, \\ k > 2/5, \\ k < 3/5, \\ k > 3/7. \end{cases}$$

不等式组的解是

数学解题中的物理方法

$$\frac{3}{7} < k < \frac{3}{5}, \text{即} \frac{6}{7} < \frac{BQ}{BP} < \frac{6}{5}$$

根据正弦定理,

$$\frac{BP}{BQ} = \frac{\sin(60°-\theta)}{\sin\theta} = \frac{\sqrt{3}}{2}\cot\theta - \frac{1}{2}$$

即

$$\frac{5}{6} < \frac{\sqrt{3}}{2}\cot\theta - \frac{1}{2} < \frac{7}{6}$$

从而

$$\frac{3}{10}\sqrt{3} < \tan\theta < \frac{3}{8}\sqrt{3}$$

因此,θ 的取值范围是

$$\tan^{-1}\frac{3\sqrt{3}}{10} < \theta < \tan^{-1}\frac{3\sqrt{3}}{8}$$

注 3 若题中 P 不是 AB 的中点,比如 $BP = a(0 < a < 1)$,则 θ 的取值范围为

$$\tan^{-1}\frac{3\sqrt{3}}{9+2a} < \theta < \tan^{-1}\frac{3\sqrt{3}}{7+2a}$$

此外,用前面反射的方法还可以解决如下问题:

问题 1 若 P, V 为 AB 边上两定点,问 θ 多大时才能使从 P 被击出的小球依次碰击六边形 $ABCDEF$ 的各边各一次后,正好回到 V 点?

略解 设小球以 θ 角自 P 被击出后回到 V,则小球的轨迹经例 2 所示的反射后,成为连接 P, V_1 的直线段,其中 $A_1V_1 = AV$.

设 $AB = 1, BP = a, BV = B_1V_1 = b$. 过 A_1, V_1 分别作 AB 的垂线交 AB 的延长线于 H_1 和 N(图 3.14),则

$$PN = AH_1 - AP + H_1N =$$

$$\frac{9}{2} - (1-a) + (1-b) =$$

$$\frac{9}{2} + a - b$$

$$V_1N = A_1H_1 = \frac{1}{2}AA_1 = \frac{3\sqrt{3}}{2}$$

故有 $\theta = \tan^{-1} \dfrac{NV_1}{PN} = \tan^{-1} \dfrac{3\sqrt{3}}{9+2(a-b)}$ (3.2)

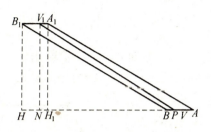

图 3.14

问题 2 设 P,V 为 AB 边上两个定点,则 θ 为多大时才能使从点 P 被击出的球碰击六边形各边恰好 r 次,且每次碰击点均不同,最后击中 V 点?

略解 延长 $\square ABB_1A_1$ 的边 BB_1 和 AA_1(图 3.15),并在两延长线上分别截取 $B_1B_2 = B_2B_3 = \cdots = B_{r-1}B_r = BB_1$ 和 $A_1A_2 = A_2A_3 = \cdots = A_{r-1}A_r = AA_1$,再连接 $A_2B_2, A_3B_3, \cdots, A_rB_r$,得 $r-1$ 个与 ABB_1A_1 全等的平行四边形,然后在 A_rB_r 上取点 V_r,使 $B_rV_r = BV$,连接 PV_r,则 $\angle BPV_r$ 为所求 θ.

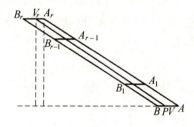

图 3.15

仿上可计算得 $\theta = \tan^{-1} \dfrac{3\sqrt{3}\,r}{9r+2(a-b)}$.

数学解题中的物理方法

若要求小球自 P 出发撞各边 r 次后最后回到 AB 边,则角 θ 取值范围为(即 b 由 0 变到 1 即可)

$$\tan^{-1}\frac{3\sqrt{3}}{9r+2a} < \theta < \tan^{-1}\frac{3\sqrt{3}r}{9r+2a-2}$$

问题 3 用上面的方法可求出在正六边形 $ABCDEF$ 内周长最短的内接六边形(图 3.16).

略解 设 P 为 AB 边上任一点,在 (3.2) 中取 $a=b$,即 $\theta=30°$,则小球自 P 被击出后撞击各边最后仍回到 P,它的轨迹(反射后的长为 AA_1) 即为周长最短的内接六边形,这只须与其他情形作一比较即可.

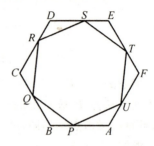

图 3.16

问题 4 用上面的方法可求出在正六边形 $ABCDEF$ 内面积最大的内接六边形.

略解 由图 3.16 易看出此问题即为求 $\triangle APU$,$\triangle BPQ$,$\cdots$,$\triangle FUT$ 的面积之和 y 为最小.

由问题 3 知 $\angle APU=30°$ 时,上述六个三角形均为等腰三角形,且

$$\triangle APU \cong \triangle CQR \cong \triangle EST$$
$$\triangle BPQ \cong \triangle DRS \cong \triangle FTU$$

设 $AP=x$,则

$$y=3\left[\frac{1}{2}x^2\sin 120°+\frac{1}{2}(1-x)^2\sin 120°\right]=$$
$$\frac{3\sqrt{3}}{4}\times(2x^2-2x+1)$$

当 $x = \dfrac{1}{2}$ 时,y 有最小值. 即小球自 AB 中点被击出后撞击各边最后回到点 P 时的轨迹六边形面积最大.

问题 5 题中正六边形改为正 n 边形时,则命题所求 θ 范围为

n 为偶数时

$$\tan^{-1}\left[n\sin\dfrac{2\pi}{n} \Big/ \left(2n\cos^2\dfrac{\pi}{n} + 2a\right)\right] < \theta <$$
$$\tan^{-1}\left[n\sin\dfrac{2\pi}{n} \Big/ \left(2n\cos^2\dfrac{\pi}{n} + 2a - 2\right)\right]$$

n 为奇数时

$$\tan^{-1}\left\{(n-1)\sin\dfrac{2\pi}{n} \Big/ \left[2(n-1)\cos^2\dfrac{\pi}{n} + 2a\right]\right\} < \theta <$$
$$\tan^{-1}\left\{(n+1)\sin\dfrac{2\pi}{n} \Big/ \left[2(n+1)\cos^2\dfrac{\pi}{n} + 2a - 2\right]\right\}$$

略解 将正 n 边形像正六边形那样依次以各边为轴作 $n-1$ 次反射成像,n 的奇偶不同可得不同图形(图 3.17):

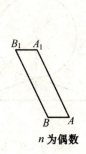
n 为偶数

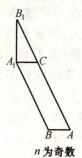
n 为奇数

图 3.17

如 n 为偶数时可得

$$\angle ABB_1 = \frac{\pi}{n}, \ AA_1 = \frac{n}{2} \cdot AC = n\cos\frac{\pi}{n}$$

可算得上面结果. n 为奇数时方法类同.

例 3 我们再用"海伦光线原理"(即椭圆上任一点与焦点的两条连线,与在该处的切线所夹之角相等)证明前面已经提到的费马点问题(参见第 1 章例 9 和 2.3 节).

证 我们设法将问题转化为海伦光线问题. 比如暂且设 X 与 A 的距离为定值 r (图 3.18),这样只须求和 $BX + CX$ 为最小的 X,而 X 在以 A 为圆心,r 为半径的圆上.

由光行最速性(光在媒质中传播走最短路径)的费马原理,使 $BX + CX$ 最小的 X 应在圆的使该点法线平分 $\angle BXC$ 的位置上(入射角等于反射角),即 $\angle BXC$ 必由过 A 和 X 的直线所平分.

由对称性,仿上同样道理,$\angle AXB$,$\angle AXC$ 应被 CX,BX 所平分.

这样圆周角被 X 与 $\triangle ABC$ 的三个顶点连线分为六个角(图 3.19),由对顶角相等的道理不难看出 $\alpha = \beta = \gamma$,即 X 至 $\triangle ABC$ 的三个顶点连线夹角均为 $120°$. 此即:当 X 到 $\triangle ABC$ 的三个顶点连线夹角均为 $120°$ 时,$AX + BX + CX$ 最小.

图 3.18

注 1 这里应指出两点:一是用了局部调整法(又叫部分

变更法),它往往先固定一些量而去变化另一些量来考虑问题;二是用了光线对于圆镜的反射(其实只是椭圆的特殊情形).

注 2 局部调整法可解决一些极值问题,比如:设 P 为正 $\triangle ABC$ 内一点,P 到三边 AB,BC,CA 的距离分别为 x,y,z,求 xyz 的极大值(图 3.20).

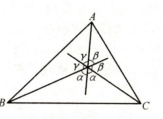

图 3.19

令 P_k 至三边距离为 x_k,y_k,z_k,且令

$$x_1 = x, y_1 = z_1 = \frac{1}{2}(y+z);$$
$$y_2 = y_1, z_2 = x_2 = \frac{1}{2}(z_1 + x_1); z_3 = z_2, x_3 = y_3 = \frac{1}{2}(x_2 + y_2); \cdots$$

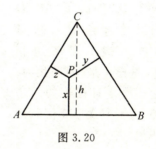

图 3.20

显然,$x + y + z = x_1 + y_1 + z_1 = x_2 + y_2 + z_2 = \cdots$,注意到

$$x_1 y_1 z_1 = x \cdot \frac{1}{2}(y+z) \cdot \frac{1}{2}(y+z) = \frac{1}{2}xyz + \frac{1}{4}x(y^2 + z^2) > \frac{1}{2}xyz + \frac{1}{4}x \cdot 2yz = xyz (y \neq z \text{ 时})$$

因而 $\qquad xyz < x_1 y_1 z_1 < x_2 y_2 z_2 < \cdots$

故当 P 为正 $\triangle ABC$ 中心时(图 3.21),xyz 最大,且为 $\left(\dfrac{h}{3}\right)^3$,这里 h 为 $\triangle ABC$ 一边上的高.

下面我们再举几个例子说明利用图形反射变换来解一些极值问题的方法.

例 4 某农牧场打算用三块同样宽为 l 的水泥板

搭一水槽,其截面见图 3.22.又设其侧面与底面所成的角分别为 α,β,则 α,β 为何值时水槽截面积最大?

解 将水槽截面图形以其上口线 AD 为镜面成像,这时四边形 $ABCD$ 与其虚像组成六边形 $ABCDC'B'$,且各边相等.这样一来,问题化为:边长给定且相等的六边形(边长均为 l),何时面积最大?

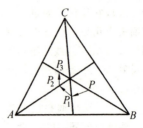

图 3.21

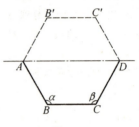

图 3.22

答案是显然的,当它为正六边形时面积最大.这时 $\angle ABC = \angle BCD = 120°$,即 $\alpha = \beta = 120°$.

注 本题若用三角函数去做,则较麻烦.

例5 在一个矩形的房间内,打算用两块总长为 l 的屏风隔出一块地方(图 3.23),欲使其面积最大应如何设置?

解 先将四边形 $OABC$ 以 OC 为镜面反射成像得五边形 $ABCB'A'$,再将五边形 $ABCB'A'$ 以 $A'A$ 为镜面反射成像得八边形 $ABCB'A'B''C''B'''$(图 3.24),这样一来,问题化为:周长给定($4l$)的八边形何时面积最大?

显然,当它是正八边形时面积最大,这时边长为 $l/2$,即屏风隔出的地方应是正八边形的 $1/4$.

138

第 3 章　光学原理在数学中的应用

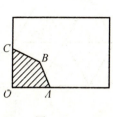

图 3.23

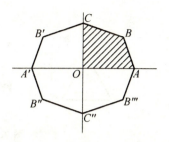

图 3.24

例 6　在一块半椭圆形的铁片中,可剪得的最大的梯形面积是多少(椭圆长、短半轴各为 a,b)?

解　我们仍将图形以半椭圆的长轴为镜面反射成像(图 3.25),此时问题化为:在椭圆 $\dfrac{x^2}{a^2}+\dfrac{y^2}{b^2}=1$ 中,求面积最大的六边形.

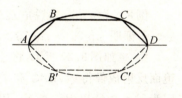

图 3.25

这在前面刚体方法一节中已讲过(见第 1 章中例 12),它的面积是 $3\sqrt{3}ab/2$,故所求梯形面积的极大值为 $3\sqrt{3}ab/4$.

例 7　在正 $\triangle ABC$ 中求作一曲线,使其将该三角形面积等分,且它的长度最短.

解　将正 $\triangle ABC$ 多次反射,可得到一个正六边形(图 3.26),这样问题可化为:在正六边形内求作一封闭曲线,使其将正六边形面积等分,且它的周长最短.

换句话说,就是求面积给定(正六边形面积的一半)且周长最小的封闭曲线,它显然是一个圆.关于它

数学解题中的物理方法

图 3.26

的半径的计算,留给读者考虑.

上面所举例子均属利用反射求极值的问题.其实它的用途不止于此,请看下例.

例8 设 α, β, γ 为锐角 $\triangle ABC$ 的三个内角,且 $\alpha < \beta < \gamma$,证明 $\sin 2\alpha > \sin 2\beta > \sin 2\gamma$.

解 如图 3.27 所示,将 $\triangle ABC$ 分别以 AC, BC 为镜面反射成像得 $\triangle AB'C$ 和 $\triangle A'BC$. 连接 AA', BB',因为 $\alpha < \beta$,所以 $BC < AC$. 因而

$$S_{\triangle BCB'} = \frac{1}{2}BC^2 \sin 2\gamma < S_{\triangle ACA'} = \frac{1}{2}AC^2 \sin 2\gamma$$

故 $S_{\triangle BAB'} = \frac{1}{2}AB^2 \sin 2\alpha = 2S_{\triangle ABC} - S_{\triangle BCB'} >$

$$2S_{\triangle ABC} - S_{\triangle ACA'} = S_{\triangle ABA'} = \frac{1}{2}AB^2 \sin 2\beta$$

即 $\sin 2\alpha > \sin 2\beta$. 仿此可证 $\sin 2\beta > \sin 2\gamma$.

注 从变换的意义上讲,反射变换又是对称变换.

代数上的某些对称式或轮换对称式也是某种对称,这类式子及变换在代数上有特殊的性质和用途.例如:

例9 分解 $(x+y+z)^3 - x^3 - y^3 - z^3$ 为质因式的乘积.

解 这是一个关于 x, y, z 的三次齐次对称式,令

140

第 3 章　光学原理在数学中的应用

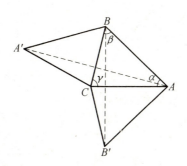

图 3.27

$y=-z$,代入上式结果为零,知它有因子$(y+z)$,因原式关于 x,y,z 对称,故知它还有因子$(x+y),(z+x)$,因而容易得到

$$原式 = 3(x+y)(y+z)(z+x)$$

这里的系数 3 是比较两边的 $x^2 y$ 项系数得到的.

下面再看一个例子.

例 10　若 a,b,c 是相异的正数,且 $p=(a+b+c)(a^4+b^4+c^4)$,$q=(a^2+b^2+c^2)(a^3+b^3+c^3)$,试比较 p,q 的大小.

解　直接计算较麻烦,但若注意到 p,q 都是 a,b,c 的五次对称式,计算 $p-q$ 知其含三个形如下面的五次对称式(也可由对称多项式性质直接得出,这一点这里不谈了),可令

$$f(x,y)=xy(x-y)^2(x+y)$$

易验证它是关于 x,y 的五次齐次对称式,且当 $x\neq y$ 及 $x>0,y>0$ 时,$f(x,y)>0$.易算得

$$p-q=f(a,b)+f(c,a)+f(b,c)$$

由已知 a,b,c 为相异的正数,知

$$f(a,b)>0,f(c,a)>0,f(b,c)>0$$

从而 $p-q>0$ 即 $p>q$.

上面我们考虑了图形的反射性质,下面我们来研究点反射的问题,这类问题在平面几何中常常遇到.

例 11 P 为锐角 $\angle MAN$ 内一点,在 AM, AN 上分别求点 Q, R,使 $PR+QR+QP$ 最小.

解 先将 P 以 AM 为镜面反射成像于 P_1,再将 P_1 以 AN 为镜面反射成像于 P_2,连 PP_2 交 AN 于 R,连 P_1R 交 AM 于 Q(图 3.28),则 Q, R 即为所求.

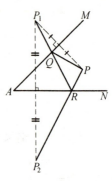

图 3.28

我们只须在 AM, AN 上另取两点 Q', R',然后证明

$$PR+RQ+QP \leqslant PR'+R'Q'+Q'P$$

即可(注意,两点间距离以直线段最短).

下面再来看一例.

例 12 若 P 为 $\triangle ABC$ 内一点,试在边 AB, BC, CA 上分别求点 Q, R, S,使 $PQ+QR+RS+SP$ 最小.

解 先将 P 以 AB 为镜面反射成像于 P_1,再将 P_1 以 BC 为镜面反射成像于 P_2,最后将 P_2 以 AC 为镜面反射成像于 P_3.

连 PP_3 交 AC 于 S,连 SP_2 交 BC 于 R,连 P_1R 交 AB 于 Q(图 3.29),则 Q, R, S 为所求.

它的证明也留给读者.

我们最后来看一个解析几何的例子.

例 13 设 PT_1, PT_2 是以 F_1, F_2 为焦点的椭圆的

第 3 章 光学原理在数学中的应用

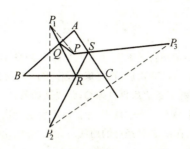

图 3.29

两条切线,T_1,T_2 为切点,试证 $\angle PF_1T_1 = \angle PF_1F_2$,$\angle PF_2T_1 = \angle PF_2T_2$(图 3.30).

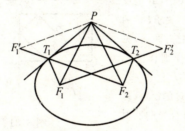

图 3.30

证 将 F_1 以 PT_1 为镜面反射成像于 F'_1,将 F_2 以 PT_2 为镜面反射成像于 F'_2.由前面章节中的例子知道:F_1,T_2,F'_2 共线,F_2,T_1,F'_1 共线.又由

$$F_1T_1 + T_1F_2 = F_2T_2 + F_1T_2 \text{(椭圆定义)}$$

有 $\qquad F'_1F_2 = F_1F'_2$

由反射对称性知 $\quad PF_1 = PF'_1, PF_2 = PF'_2$

从而 $\qquad \triangle PF_1F'_2 \cong \triangle PF'_1F_2$

所以 $\angle PF'_1F_2 = \angle PF_1F'_2, \angle PF'_2F_1 = \angle PF_2F'_1$

又 $\quad \angle PF'_1T_1 = \angle PF_1T_1, \angle PF'_2T_2 = \angle PF_2T_2$

故 $\quad \angle PF_1T_1 = \angle PF_1T_2, \angle PF_2T_1 = \angle PF_2T_2$

习 题

1. (1) 矩形球台 $ABCD$ 上有两个球 P 和 Q,冲击球 P 使之顺次打在 AB,BC 两边后,再打球 Q,作出球 P 打出的路线. 若球 P 顺次打在三条边后再打球 Q,路线又如何?

(2) 矩形球台上有一球 P,冲击球 P 使它顺次打在四边后,仍返回原处,作出球 P 经过的路线.

[**提示**:(1) 对于打在三边的情形见图 3.31. 其中 P' 是 P 关于 AB 的反射点,P'' 是 P' 关于 CB 的反射点,P''' 是 P'' 关于 DC 的反射点;(2) 它有两解,见图 3.32(a),详细作法见图 3.32(b).]

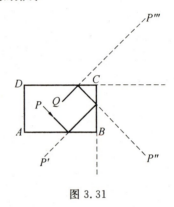

图 3.31

注 台球的反射(理想情况)是符合光的反射定律的.

2. 证明:内角之比是有理数的 n 边形球台上的一只球,其运动方向只能有有限多个.

[**提示**:先考虑三角形的情况.]

3. 一个边长比为 $5:3$ 的矩形弹子台,今从一角顶以 $45°$ 方向把球打出,问经过多少次碰撞球台后可进入某一个角顶.

[**提示**:见图 3.33,将球台多次反射,作射线 AM(它与 AB 成 $45°$ 角),且 AM 与某个矩形角顶 C' 相交,则 AC' 与小矩形相交的个数即为所求.]

注 若球台边长之比为 $p:q(p,q$ 为互质整数),则不难证明:自点 A 以 $45°$ 方向发射一球,进入角顶 C 时,球与台边碰撞次数可由 $pm=qn$ 给出,显然最小的 m,n 分别为 $m=q,n=p$,则球撞球台次数为 $p+q-2$(读者考虑一下它的道理),又若 $p=q=\alpha$,而 α 是无理数时,以 $45°$ 角从某角顶发射的球永远不

第 3 章　光学原理在数学中的应用

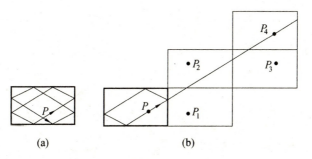

图 3.32

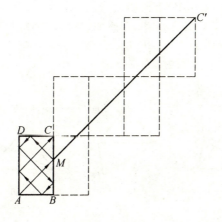

图 3.33

会进入另外的一个角顶.

4. 已知五边形各边的中点 O_1, O_2, O_3, O_4, O_5，求作此五边形.

[提示：任取一点 P，然后依次将 P 作点 $O_1, O_2, \cdots, O_5$ 反射，最后得 P_5，则 PP_5 的中点即为该五边形的一个顶点.]

5. 在 $\triangle ABC$ 中，若 $AB > AC$，又①P 是边 BC 上高 AH 上的任一点，②P 是边 BC 中线 AM 上的任一点，③P 是顶角 $\angle A$ 平分线 AD 上任一点，试比较 $PB - PC$ 与 $AB - AC$ 的大小.

[提示：将 $\triangle APC$ 分别以 AH，AM 或 AD 为镜面反射成像，

数学解题中的物理方法

然后再进行比较.〕

6. 试证:两端点在定圆周上,且将该圆面积二等分的曲线中,以圆的直径最短.(G. Pólya 问题)

〔提示:分两种情况考虑:① 若 AB 是圆的直径,则以 A,B 为端点的曲线中,直线段(直径)最短;② AB 非圆的直径,设平行于 AB 的直径 CD

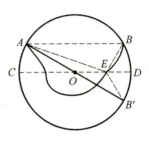

图 3.34

与曲线交于 E,过 A 作圆的直径 AB'(图 3.34),则 B' 可视为 B 关于 CD 的反射点,连 AE,EB 可证得结论.〕

7. 利用光的反射原理证明(图 3.35):

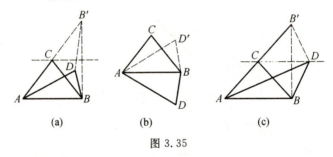

图 3.35

(1) 同底等周的三角形中,以等腰三角形面积最大;

(2) 同底等积的三角形中,以等腰三角形周长最短.

〔提示:分两种情况考虑:① D 与 C 在 AB 同侧;② D 与 C 在 AB 异侧.〕

注 由结论(1)可得:周长一定的三角形以正三角形面积最大;由结论(2)可得:面积一定的三角形以正三角形周长最短.它们是第 1 章中例的特殊情形.

8. A,B 是不在直线 l 上的两定点,在 l 上求一点 C,使得以 A,B,C 为顶点的三角形周长最短.

〔提示:分 A,B 位于 l 同侧和异侧两种情况考虑:若 A,B 在

146

第 3 章 光学原理在数学中的应用

l 同侧,可由图 3.36 找出点 C;若 A,B 在 l 的异侧,则本题无解,或者可视线段 AB 为所求的退化三角形.]

9.(1)P 为 $\odot O$ 一弦 AB 的中点,过 P 作两弦 CD 和 EF,连接 DE,CF 分别交 AB 于 M,N,求证 P 为 MN 的中点(图 3.37);

(2)求证:圆内接四边形各边中点向对边所作垂线共点.

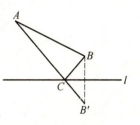

图 3.36

[提示:(1) 作 EF 关于直径 OP 的反射像,再考虑相应的全等三角形,注意到一些共圆点的性质;(2)将四边形四顶点沿圆心作对称变换.]

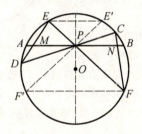

图 3.37

10. 证明:直角三角形中的任一内接三角形的周长大于斜边上高的两倍.

[提示:如图 3.38 所示,将直角 $\triangle ABC$ 沿直角边 BC 和 AC 延长线反射两次,然后比较折线和直线段的长.]

11. 在圆 O 上取六个点 A,B,C,D,E,F,且使弦 AB 平行于弦 DE,弦 DC 平行于弦 AF,则弦 BC 平行于弦 EF.

[提示:以某两平行弦的对称轴为轴作对称变换,连续三次.]

12. 从一个椭圆形的球台边缘 A 打出一球,使其撞到球台边缘弹回后,能否撞到该椭圆的两焦点 F_1,F_2 所连线段上的任

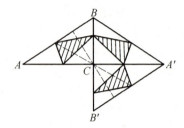

图 3.38

一点 B 上(图 3.39)?

〔**提示**:注意椭圆的性质:当球从其一个焦点射出撞到球台边缘后,它定击中另一焦点. 因此答案是否定的.〕

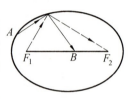

图 3.39

13. 无外力作用的质点在正方体容器内运动,碰到器壁时便被反射(入射角等于反射角). 是否有这样的分子(质点),它不停地沿一个封闭六边形运动,且依次碰击正方体容器的每一个面?

〔**提示**:仿本节中例的方法,将正方体 A 多次反射而成图 3.40(a) 状.

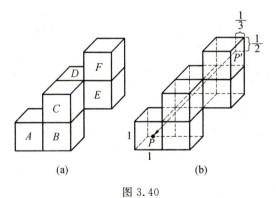

(a)　　　　(b)

图 3.40

第3章 光学原理在数学中的应用

连 A 前面上的点 P（它在距上棱 $\frac{1}{2}$，距右棱 $\frac{1}{3}$ 处）和 F 后面的相应点 P'，再将它逐段归结回原来的正方体，即经多次反射而回到正方体 A 即可，见图 3.41.]

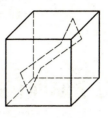

图 3.41

数学解题中的物理方法

电学原理在数学中的应用

第 4 章

……因此,这种巧合出于运气的杰作的可能性大大小于 $\left(\dfrac{1}{2}\right)^{60}$……故此种巧合必另有原因存在,一个可以确定的原因是赋予观察事实的完美解释.
—— 基尔霍夫(G. R. Kirchhoff)

1923 年波兰里沃夫大学的教授鲁兹维茨(S. Ruziewicz)提出一个初等几何中的有趣猜想:一个边长是整数的正方形能否分割成有限个大小不同的边长是整数的小正方形?

这样的正方形称为**完美正方形**,分割成的小正方形的个数称为它的**阶**.

1925 年,莫伦(Z. Moran)找到一种把矩形分割成大小不同的正方形的方法

(称之为完美矩形).

1930年,苏联数学家鲁金(H. H. Лузин)认为这种正方形不存在.

1939年,斯普拉格(R. Sprague)依据莫伦此前给出的方法(用两个不同分割的完美矩形拼成一个完美正方形)构造出一个55阶完美正方形.

直到1978年,荷兰数学家杜伊维斯廷(A. J. W. Duijvestijn)给出一个21阶完美正方形后(此前他曾证明了小于20阶的完美正方形不存在),此问题讨论画上一个完美句号(详见后文).

这个问题的另一种提法是:是否存在由一些大小不同的边数是整数的正方形拼成的大正方形?

如果题目中的条件降低一些,比如允许有相同边长的小正方形,则问题较易解决. 比如由

$$13^2 = 7^2 + 6^2 + 6^2 + 4^2 + 3^2 + 3^2 + 2^2 + 2^2 + 2^2 + 1^2 + 1^2$$

我们可以得到如图4.1的分割(或拼凑),这里面包含了两个或三个边长相同的正方形.

注意到 $1^2 + 2^2 + 3^2 + \cdots + 24^2 = 4\,900 = 70^2$,然而人们却无法实现由边长是 $1 \sim 24$ 的小正方形去拼成一个 70×70 的大正方形,人们只找到了如图4.2所示的拼法.

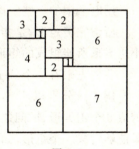

图4.1

图中,用上了23个小正方形(只有边长为7的小正方形未用上),换言之,它用了23块小正方形去覆盖

数学解题中的物理方法

70×70 的大正方形,而仅剩下面积为 49 的 7 小块(图中阴影部分未被覆盖).

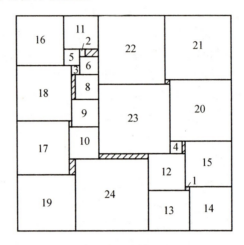

图 4.2

完美正方形的寻求,也许稍费些事,下面我们介绍一下用电学中的一些定律解决完美矩形的问题.

所谓完美矩形,是指用边长不等但又都是整数的小正方形所能组成的矩形.

我们先来看一个例子.

例 1 分别以 $1,4,7,8,9,10,14,15,18$ 为边长,剪成 9 个正方形,试问能否把它们拼成一个矩形?如果能够拼成一个矩形,如何拼法?

解 因 $1^2 + 4^2 + 7^2 + 8^2 + 9^2 + 10^2 + 14^2 + 15^2 + 18^2 = 1\,056 = 2^5 \times 3 \times 11$,且最大正方形边长为 18,而 1 056 没有因数 18,故所拼成的矩形最小边长大于 18. 因而只可能有三种拼法

$$1\,056 = 22 \times 48 = 24 \times 44 = 32 \times 33$$

易于验证,只有最后一种拼法成立(图4.3).

看了上面的问题(这是一个完美矩形问题),读者或许会感到困惑:① 问题中的数字怎样来的? ② 解题中的拼法又是怎样找到的? 它是否唯一? 仅从上面的题目的解答中,是难于得到答案的.

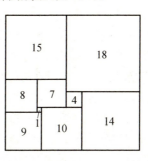

图 4.3

想不到,这个问题竟与电学中的"基尔霍夫(Kirchhoff)定律"有着奇特、简单和有趣的联系.

前文已述,1923 年鲁兹维茨教授提出了上述完美矩形的存在性问题后,好长时间,人们仍不能就此问题给出肯定(找出来)或否定(证明它不可能)的回答. 直到 1925 年,数学家莫伦找到了一种把矩形分割成大小不同的正方形的方法,且给出了两个矩形的正方形分割作为例子后,人们才知道完美矩形的存在.

1938 年,剑桥大学三一学院的 4 位大学生布鲁克斯(R. L. Brooks),史密斯(C. A. B. Smith),斯通(A. H. Stone)和塔特(W. T. Tutte)(他们后来都成了图论或组合数学的专家)也开始研究此问题,他们提出的构造完美矩形的方法,奠定了研究这个问题的理论基础. 他们的方法是把完美图形问题与电路网络理论联系起来,并借助于图论的方法去寻求完美矩形.

比如下图 4.4 与图 4.5 表示了一个完美矩形与一个网络图间的关系.

图 4.5 中的每个节点对应着图 4.4 中小正方形的一条水平边;图 4.5 中的每条边对应着图 4.4 中的每个小正方形(图 4.4 中的数字表示该正方形的边长,本章下面的图形同此,不再说明),且边的两端分别对应于正方形上、下(水平)边,图 4.4 中每条边的赋值为对应正方形的边长.

若把图 4.5 视为电路网络,且 X 视为正极,Y 视为负极,每边上的数字视为该线路上的电流强度,则此电路图满足电学中的基尔霍夫定律:

定律 1 汇集在电路网络的每个节点上各支路电流的代数和恒等于零(电流定律);

定律 2 网络中任一回路内,支路电压的代数和为零(电压定律).

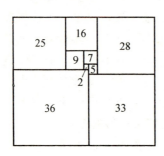
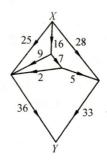

图 4.4   图 4.5

1940 年布鲁克斯等人又给出了 9～11 阶(矩形被分割成的正方形的个数)完美矩形的明细表,且证明了:完美矩形的最低阶数是 9.

9 阶完美矩形仅有两种(图 4.4 和图 4.6).

1960 年前后,布坎普(Bouwkamp)等人借助于电子计算机给出了全部 9～15 阶完美矩形.

为了详细介绍寻求完美矩形的方法,我们将"基尔

第4章　电学原理在数学中的应用

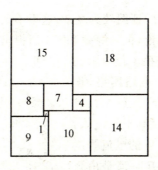

图 4.6

霍夫定律"改为下面的叙述：

在一个电路里，汇合在每一个节点的电流强度的代数和为零（基尔霍夫第一定律）．

在各导线电阻相等（都等于单位电阻）的电网中，绕每个闭合回路的电流强度的代数和为零（基尔霍夫第二定律）．

完美矩形与电路中电流有如下关系：

如果我们用 n 条具有单位电阻的导线构成一个有若干闭合回路的电路网络，当算出各条导线上相应的电流强度时，它们的值就是构成完美矩形所必需的 n 个正方形的边长数．

换句话说：组成一个完美矩形（或正方形）所必需的全部 n 个正方形的边长，相当于由 n 条导线按一定形式构成的电路网络中按基尔霍夫定律分配于各导线上的电流数．

当然也可以说：由 n 条导线按一定形式构成的电路网络中按基尔霍夫定律分配于各导线上的电流数，相当于可以组成某个完美矩形（或正方形）的全套 n 个正方形边长．

这个结论的证明较为复杂,这里不证了.下面我们利用上面的结论,再来解一下例1所提出的问题.

我们用9根单位电阻的导线组成一个电路网络,设A,F为主要分支点;A只有电流流出,F仅有电流流入,而其余各分支点的电流强度各不相等(但方向都是由强度高的方向往低的方向流).显然作出这样一个已知导线数目的电路网络是不困难

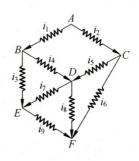

图4.7

的.例如图4.7便是一个由9条导线组成的电路网络,设各导线电流分别是$i_1,i_2,\cdots,i_9$,由基尔霍夫定律得

对于支点B:$i_1-i_3-i_4=0$,
对于支点C:$i_2-i_5-i_6=0$,
对于支点D:$i_4+i_5-i_7-i_8=0$,
对于支点E:$i_3+i_7-i_9=0$,
对于回路A—C—D—B—A:$i_2+i_5-i_4-i_1=0$,
对于回路B—D—E—B:$i_4+i_7-i_3=0$,
对于回路C—F—D—C:$i_6-i_8-i_5=0$,
对于回路D—F—E—D:$i_8-i_9-i_7=0$.

以上是9个未知数8个方程的不定方程组,我们不难解出其中一组解(它有无数组解):

$$i_2=\frac{18}{15}i_1,i_3=\frac{8}{15}i_1,i_4=\frac{7}{15}i_1,i_5=\frac{4}{15}i_1$$

$$i_6=\frac{14}{15}i_1,i_7=\frac{1}{15}i_1,i_8=\frac{10}{15}i_1,i_9=\frac{9}{15}i_1$$

令$i_1=15$可得

$$i_1=15,i_2=18,i_3=8,i_4=7,i_5=4,$$

第 4 章 电学原理在数学中的应用

$i_6=14, i_7=1, i_8=10, i_9=9$

这里所得到的正是例 1 中所给的数字(图 4.8).

如何用它们去拼一个矩形？电路上的电流分配给了我们一把解答的钥匙.

电路网络的每一个节点相当于这些正方形的上面一条水平方向的边，这些边长恰好为该分支点流出电流的强度.

如 $i_1=15$ 表示，先放好边长为 15 的正方形，靠着它的下边放边长为 $i_3=8, i_4=7$ 的两个正方形(图 4.9).

和边长 $i_1=15$ 的正方形上边对齐而并排放的正方形边长为 $i_2=18$，而靠着它的下边的正方形是边长为 $i_5=4$ 和 $i_6=14$ 的

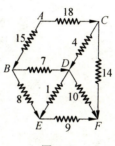

图 4.8

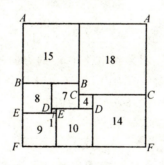

图 4.9

两个.

由节点 D 流出的电流为 $i_7=1$ 和 $i_8=10$，表示边长为 1 和 10 的正方形在边长为 7 和 4 的正方形的下面，再把边长为 9 的正方形放到左下方的位置上，完美矩

形便拼成了.

如果将这九条导线构成另外的电路网络（图4.10），应用基尔霍夫定律同样可以列出8个方程（请读者完成）. 由所列方程组我们不难解得

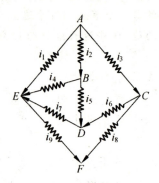

图 4.10

$$i_2 = \frac{16}{25}i_1, i_3 = \frac{28}{25}i_1, i_4 = \frac{9}{25}i_1, i_5 = \frac{7}{25}i_1,$$

$$i_6 = -\frac{5}{25}i_1, i_7 = \frac{2}{25}i_1, i_8 = \frac{33}{25}i_1, i_9 = \frac{36}{25}i_1$$

这里 i_6 是负值，只须将电路中 i_6 的方向稍加修正（不是由 C 至 D，而应改为由 D 至 C），这样令 $i_1 = 25$，不难得到一组 $i_k (k = 2, 3, \cdots, 9)$ 的值

$$i_1 = 25, i_2 = 16, i_3 = 28, i_4 = 9, i_5 = 7,$$
$$i_6 = 5, i_7 = 2, i_8 = 33, i_9 = 36$$

相应的电路图及其对应的完美矩形如图 4.11 和图 4.12 所示.

由对电路网络结构的讨论和通过方程对各支点电流强度的计算知道：9 阶完美矩形只有以上两种（除去通过旋转、反射得到的图形以及与它们相似的图形）.

用电流理论解释是这样的：由 9 条导线构成的有

第 4 章 电学原理在数学中的应用

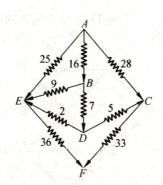

图 4.11

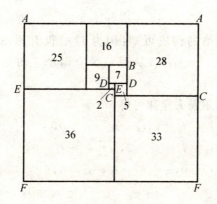

图 4.12

两个主要节点的各种网络皆作出,且计算网络上各导线相应的电流强度,你可以发现,其中仅有两种网络可得出各导线上不相等的电流值,其中的每种对应一个完美矩形.

顺便指出:用 4,5,6,7 或 8 条导线组成的有两个主节点的电路网络,也仅有两种解,即 4,5,6,7 或 8 阶长方块,各只有两种.而 10 条导线组成的电路网络有 6 种,故可以得到 6 种不同的 10 阶完美矩形.

下面再来看一个由 11 条导线构成的电路网络(图 4.13).

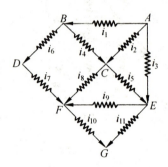

图 4.13

由网络的构成可知：因为 D 处仅有两条导线汇聚，故 $|i_6|=|i_7|$，从而至少有两个正方形的边长相等.

由基尔霍夫定律可得：

$i_1-i_4-i_6=0, i_2-i_4-i_1=0,$

$i_2+i_4-i_5-i_8=0, i_3-i_5-i_2=0,$

$i_6-i_7=0, i_4+i_8-i_7-i_6=0,$

$i_3+i_5-i_9-i_{11}=0, i_5+i_9-i_8=0,$

$i_7+i_8+i_9-i_{10}=0, i_{11}-i_{10}-i_9=0.$

它们分别对应于节点(左列)B,C,D,E,F 和闭合回路(右列)

$A—C—B—A, A—E—C—A, B—C—F—D—B,$
$C—E—F—C, E—G—F—E.$

令 $i_1=3$ 可得

$i_1=3, i_2=4, i_3=6, i_4=1, i_5=2,$

$i_6=2, i_7=2, i_8=3, i_9=1, i_{10}=6, i_{11}=7$

这样我们可以得到形如图 4.14 的广义完美矩形

(因为它有两个以上边长相同的正方形).

完美矩形的存在,诱发人们去寻找完美正方形.这个问题最早由莫伦提出(据说波兰数学家鲁兹维茨(Ruziewicz)也曾考虑过这个问题,只是他稍晚于莫伦).

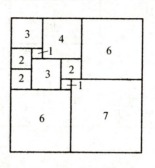

图 4.14

前文我们曾提及:1930 年,苏联著名数学家鲁金也研究过这个问题,同时他猜测,不存在完美正方形.

莫伦对此猜想提出挑战,他拟出一个由完美矩形去构造完美正方形的设想:如果同一个矩形有两种不同的完美分割,且其中一种分割的每个正方形都不同于另一种分割的每个正方形,那么,这两个分割再添上两个正方形(它们均异于矩形两种分割中的所有正方形),便可构造出一个完美正方形.

1939 年,德国人斯普拉格(Sprague)按照莫伦的思想成功地构造了一个 55 阶的完美正方形,它的边长为 4 205(图 4.15,图中小正方形边长数字未标出).

几个月后,阶数更小(28 阶)、边长更短(1 015)的完美正方形由前面提到的剑桥大学三一学院的布鲁克斯等 4 位大学生构造了出来(图 4.16).

1948 年威尔科克斯(Wilcocks)给出了 24 阶完美正方形(图 4.17).

1967 年威尔逊(Wilson)构造了 25 阶(图 4.18)和 26 阶完美正方形(图 4.19).

数学解题中的物理方法

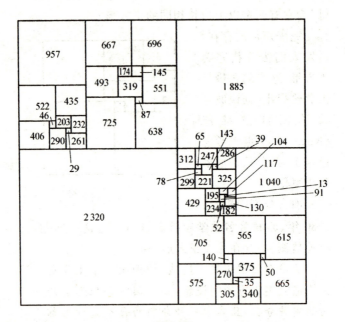

图 4.15

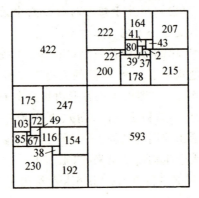

图 4.16

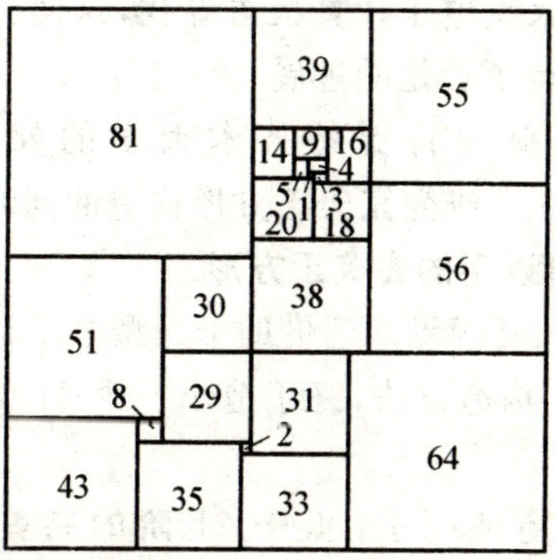

第 4 章 电学原理在数学中的应用

图 4.17

直到1978年,威尔科克斯所构造的24阶完美正方形一直保持着阶数最低的世界纪录,尽管当时人们已构造出2 000多个24阶以上的完美正方形.

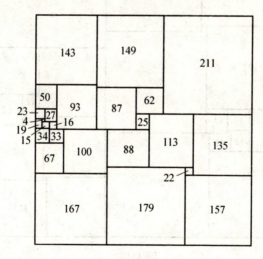

图 4.18

人们一方面着手改进完美正方形的构造方法,一方面又利用大型电子计算机去寻找,这使得完美正方形的研究取得了长足的进展.

1962年荷兰特温特技术大学的杜伊维斯廷(Duijvestijn)在研究完美正方形构造的同时,证明了:**不存在20阶以下的完美正方形**.

1978年,杜伊维斯廷借助于大型电子计算机的帮助,且改进了构造方法,终于造出一个21阶的完美正方形(图4.20).

同时他还证明了:**低于21阶的完美正方形不存在**.

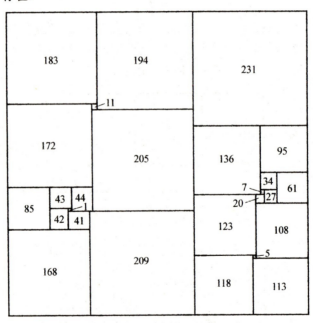

图4.19

有趣的是,这个21阶的完美正方形边长更小,仅为112.更为奇妙的是:边长为2,4,8的正方形排在同

第 4 章 电学原理在数学中的应用

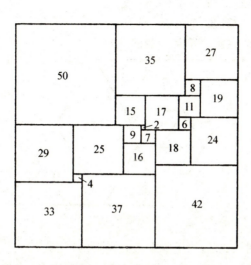

图 4.20

一直线(对角线)上. 随即他又声称:**此 21 阶的正方形, 除了旋转和反射外, 本质上只有一个**. 这是继 1976 年美国的哈肯(W. Haken)等人用大型电子计算机解决世界著名难题 ——"四色定理"之后, 用机器证明数学问题的又一个出色的例子.

对于空间(三维)的情形, 即用大小不同规格的立方体去拼成一个大立方体的问题, 已经被否定地解决了(见本节习题).

此外, 人们还探讨了把三角形、平行四边形分割成大小完全不同的正三角形等问题.

人们发现:对于正三角形部分而言, 这种分割是不存在的. 如果降低某些要求, 比如允许某些正三角形边长相同, 则可以找到这种分割. 比如图 4.21 中是将一平行四边形分割成 13 个小正三角形(据称这是阶数最小的分割), 如果把"△"记为"+", 而把"▽"记为"−",

则图中所有正三角形可视为"不同的"正三角形,在此意义下,这种分割是完美的.

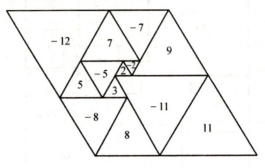

图 4.21

图 4.22 给出了一个正三角形的"完美"分割.对于平行四边形部分或与之相似的平行四边形(完美平行四边形)而言,因平行四边形可视为正方形通过仿射变换(图 4.23)而得到.故知完美平行四边形的构成与完美正方形是同构的(或可以一一对应).

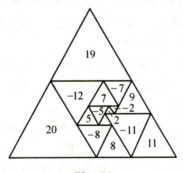

图 4.22

顺便讲一句,为了研究这种广义的完美分割,人们还对"基尔霍夫定律"进行了修正,以使这种分割与电路网络建立起对应关系.这种较深入的研究,请读者查

第 4 章 电学原理在数学中的应用

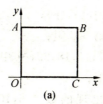 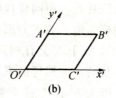

图 4.23

阅有关文献,这里就不多谈了.

类比于完美正方形的研究,人们还研究了整个平面的正方形分割问题(或者说用正方形去覆盖平面),并且证明了下面的事实:用边长分别为 1,2,3,… 的正方形去覆盖平面,至少可铺满整个平面的 3/4(图 4.24). 有趣的是:它可以借助于著名的斐波那契(Fibonacci)数列的理论去证明. 证明思路大体是这样的:在图 4.24 中虚线所画坐标系将整个平面分为四个象限,这时,

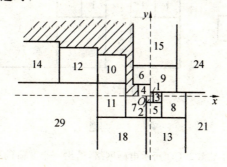

图 4.24

边长为(1),2,3,5,8,13,…(此数列从第三项开始,每一项都等于它前面两项和)的正方形可铺满第四象限(这里圆括号中的数不在其中,但它在别的象限);

以具有上面同样性质的数列 $(4),(6),9,15,24,\cdots$ 中的项为边长的正方形可铺满第一象限;

以数列(与上有相同性质) $7,11,18,29,\cdots$ 中的项为边长的正方形可铺满第三象限;

以未在上述三个数列中出现的数 $4,6,10,12,14,\cdots$ 为边长的正方形可铺在第二象限.

从图 4.24 可以看出:以 $1,2,3,4,5,\cdots$ 为边长的正方形,至少可以铺满平面的 $3/4$.

当我们回过头来审视这个问题时,也许会恍然大悟,其实问题也许真的不是如想象的那样困难(也许问题想过头了),注意到斐波那契数列的性质 $f_{n+1}=f_n+f_{n-1}(n\geqslant 1)$,我们可以依照图 4.25 所示将边长为 f_n 的正方形依次添加,可以看到:用边长为 $\{f_n\}$ 的正方形是可以铺满整个平面的.

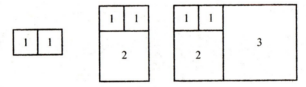

图 4.25

习 题

1. 试由图 4.26(a)所示电路网络,给出一个 8 阶的广义完美矩形.

[提示:由电路对称性不妨令 $i_2=i_3=1$,这时 $i_5=i_6=1$,$i_1=i_2+i_5=2$ 且 $i_4=i_3+i_6=2$,由此 $i_7=i_8=3$.相应的广义完美矩形见图 4.26(b).]

2. 试由图 4.27 所示电路网络,各给出一个 10 阶的完美矩形.

第 4 章 电学原理在数学中的应用

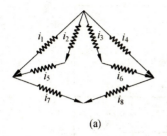

图 4.26

[提示:(a) 易解得 $i_1 = 60, i_2 = 44, i_3 = 16, i_4 = 28, i_5 = 12, i_6 = 19, i_7 = 7, i_8 = 45, i_9 = 26, i_{10} = 33$. 相应的完美矩形见图 4.28;(b) 可求得 $i_1 = 15, i_2 = 17, i_3 = 25, i_4 = 2, i_5 = 8, i_6 = 13, i_7 = 11, i_8 = 3, i_9 = 30, i_{10} = 27$. 据此读者不难将完美矩形画出(仿照本章例或方法).]

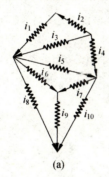 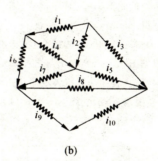

图 4.27

3. 试证:用 4,5,6,7 或 8 条导线组成的,有两个主节点的电路网络,各至多只有两种解.

[提示:仿例 1 证 9 阶完美矩形仅有两个的方法证明.]

注 事实上,低于 9 阶的完美矩形不存在,这一点早在 1940 年已为布鲁克斯所证明(文中已提及). 本题意即如果 4~8 阶完美矩形存在,那么每种阶数的完美矩形至多存在两种.

接下去若证得这两种中的每一种"完美情形"(即各导线电

数学解题中的物理方法

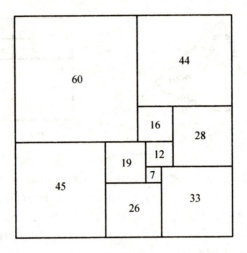

图 4.28

流值均彼此不相等）皆不成立，则"无 9 阶以下完美矩形"的结论证得.

4. 若一矩形（广义完美矩形）由七个小正方形组成，边长及构成见图 4.29(a)，作出与之相对应的有两个主节点的闭合电路网络，且验证基尔霍夫定律是正确的.

[提示：所示电路见图 4.29(b).]

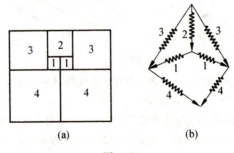

图 4.29

5. 试证 10 阶完美矩形仅有六种（这里又包含由两个 9 阶完美矩形分别加上两个正方形而成的四个 10 阶完美图形）.

第4章 电学原理在数学中的应用

[提示：仿照本章关于9阶完美矩形仅有两种的证明，计算10根导线构成的不同网络中，仅有六种网络可得出不同的导线电流值。]

6. 倘若你有一台电阻仪和许多种类的电阻，试用并联电路电阻和公式 $\frac{1}{R} = \frac{1}{R_1} + \frac{1}{R_2}$ 给出计算 $\frac{1}{x} + \frac{1}{y}$ 的值的一个试验办法，这里 x,y 均为已知。

7. 对于9阶完美矩形，请依据图4.30中的关系（两图中两最小正方形边长分别为 a,b），求出最小的 a,b 值。

[答：(a) $b=1, a=9$；(b) $b=2, a=5$.]

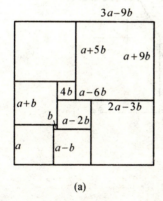 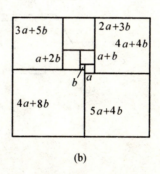

(a)   (b)

图 4.30

8. 证明完美立方体不存在.

[提示：只须证明完美长方体不存在即可．事实上，对于任何一个成功的堆砌来说，位于长方体底部的矩形都是完美的，即它可实现完美分割．在这些挨着底面的立方体中，令最小的一个为 S，则 S 必不能与大长方体竖直面（侧面）相挨，否则将必有一个更小的立方体挨着大长方体底部（另一面挨着 S）（图 4.31）．

这样，S 将被一些立方体包围，在 S 上表面势必有更小的立方体 S' 位于中间，如此下去，立方体块数将无限增加（图 4.32）．]

数学解题中的物理方法

 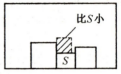

大长方体底部

图 4.31

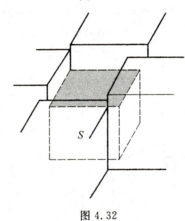

图 4.32

其他物理原理在数学中的应用

> ……给我一根杠杆,我可以推得动地球.
>
> ——阿基米德(Archimedes)

前面几章使我们看到:物理上的一些原理在数学中有着巧妙的应用,除去上面讨论的问题以外,还有许多数学问题可以借助物理方法去解决.

在本书第 1 章,我们已经用液体表面张力解释了"周长一定的封闭曲线所成的面积以圆为最大"这一定理,关于这方面有人又提出了新的问题:

给定一个三角形 T,其周长为 P,内切圆周长为 c,设有数 p 满足 $c<p<P$,在 T 内所有周长为 p 的区域之中,找出面积最大的区域 R.

这个问题的结论是:具有最大面积的区域 R 的边界是由每一条都与 T 的两邻边相切的三条圆弧以及 T 的边界上夹在这些圆弧的顶点之间的三条线段组成,并且这三条圆弧具有相同的半径(图 5.1).

读者可能想象不到,这个问题从猜测到解答都是通过物理实验得到的.

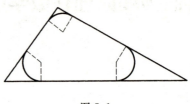

图 5.1

第一个实验的理论根据是,三角形容器里的水平液体表面,具有很大的表面张力,使其呈现等周的最佳形状.把三块玻璃片放在水平放置的玻璃板上,构成一个具有平底的直立的小三角形容器,将液态的水银慢慢注入其内,可以预料(事实也正是这样),水银将先形成一个小圆点,渐渐扩大,直到成为与三角形内切的圆为止.当继续注入水银时,这个圆面将在三个切点处沿容器壁渐渐平展,同时半径逐渐缩小,三个圆弧将逐渐靠近三角形的顶点.

第二个实验基于与第一个实验相同的理论根据.然而,在这个实验中却是先在三角形容器里注入一部分水,然后将一种黏度适当的油慢慢注入水中,这里将会发生与第一个实验相同的结果,看到同样的情形.

第三个实验的理论根据是,对三角形容器里的由一种可塑带所包围的区域内部施加水平压力,能呈现出一个等周的最佳形状.用木片做一个不对称的三角形围栏,把长为 p ($c < p < P$) 宽度稍窄(比如 1 cm)的

第 5 章 其他物理原理在数学中的应用

硬纸带两端钉在一起,形成一个闭圈,并把它在上述三角形围栏里舒展开,把一些小滚珠倒入由可塑带所围的空间里,直到盛满为止.这时,可塑带圈沿坚硬的三角形围栏边沿伸展,同时以三个一样的圆弧形状向三角形的内角方向鼓起.

所有这三个实验的结果都表明,所形成的弧基本是圆形的,反复的实验进一步证明了这一现象.在前面两个表面张力实验中,弯月面效应(用水银时是凸的,用油时是凹的)使得这些弧的端点变形.事实上,第三个内压实验表明这些弧的端点就是圆弧和三角形边界的切点.

根据在任何一种由这些物理实验所形成的区域中的这三个圆弧之间的关系,可以对它们提出这样三种假设:

(1) 它们有相同的半径.

(2) 它们有相同的弦.

(3) 它们有相同的弧长.

我们根据这三条假设中的任何一条,就可以得到周长为 $p(c<p<P)$ 的相应的那种区域的面积的求积公式.一些具体计算表明,对任何给定的三角形区域 T 及 p,根据第一条假设所得到的区域的面积最大.当然应排除 T 是等边三角形的情况,这时从三个假设出发都得出同样的面积.

这些实验出自美国一位物理学家之手,然而它们却为数学提供了方向和思路(甚至答案).

回顾历史,数学与物理曾相依相伴,这不仅在物理学这门学科诞生之后是这样,而且早在"物理学"尚未成为一门学科之时,就与数学结下了不解之缘.

两千多年以前,意大利的西西里岛上有一个叙拉古王国,国王亥尼洛为了炫耀自己的尊贵,便命人为自己制作一顶金王冠.

王冠制成后,国王难辨王冠里是否掺假,仅从质量上看,当然不会有破绽(分量没有减少).国王便让当时有名的学者阿基米德设法判定这个问题.

阿基米德因在浴池里发现了浮力定律 —— **浸在液体里的物体所受的浮力等于它所排开液体的重量**,而用此原理且借助于水的体积和浮力的计算,算出王冠里金的含量不纯.

利用浮力计算物体的重量,在我国也有传闻.三国时候魏王曹操的儿子曹冲(当时他还是个孩子),曾借助于水的浮力计算出大象的重量.他是这样做的:

他让人把象牵到一条船上,看船身沉下多少,且在齐水面的船帮处画一条线,然后把象牵上岸,再让人把一担担的石头放到船上,使船沉到刚好和方才画的那条线相齐的位置,然后把船上的石头一块块地称出重量,加起来即为象重.他使用了

$$\text{船重} + \text{象重} = \text{浮力} = \text{船重} + \text{石头重}$$

从而得出:**象重=石头重**.

美国大发明家爱迪生,也曾借助液体的性质计算过灯泡的体积.有一次爱迪生让他的助手 —— 一位新毕业的大学生 —— 计算一只灯泡的体积,那位助手算了满满一叠稿纸的算术,累得满头大汗,仍未能把灯泡体积算出.爱迪生看到这情景便说:"不必那样麻烦!"说着爱迪生找了一只大量筒,里面放了些水,然后把灯泡放进水里看水的体积变化,所增加的量便是灯泡的体积.

第5章 其他物理原理在数学中的应用

于振善"称"地图的故事,曾在数学界传为佳话.于振善是我国工农出身的数学家.解放战争时期,他在家乡清苑县工作.一次上级让他算一下全县的面积(因为要有一部分划归邻县安国县),县地图是不规则的,计算它很困难.于振善利用比重原理,巧妙地算出了这个县的面积.

他找一块质量均匀的薄板,剪成县地图形状,用秤称得它的重量 p,然后剪下一块单位面积的薄板,又称得它的重量 p_0,这样县地图的面积 $S=p/p_0$,再运用比例尺,就把 S 算出来了.这样,他把面积计算化为质量计算问题,把数学问题化为物理问题,从而使问题得到解决.他的这种想法,要比下面我们将要介绍的格点法来得准确.

所谓**格点法**计算面积,是这样进行的:

顶点在整数格点(两个坐标都是整数的点)的多边形,若它内部包含格点 m 个,周界上包含格点 n 个,则它的面积

$$S = m + \frac{n}{2} - 1 \qquad (5.1)$$

比如图 5.2 中的多边形面积 $S = 6 + 11/2 - 1 = 10.5$.

式(5.1)称为毕克(G. Pick)公式,它是毕克于1900年发现的.它可略证如下:

(1)若 $m=0$,且 $n=3$,这是一个内部没有格点的三角形,称之为初等三角形,结论显然成立,即

$$S = \frac{1}{2}$$

(2)由于多边形面积的可加性,则公式也如此,即若式(5.1)对于格点多边形 P_1,P_2 成立,且 P_1,P_2 有一条公共边,则式(5.1)对去掉此公共边的格点多边

形 P_1+P_2 也成立.

而每个格点多边形均可分割成若干初等三角形.

余下来只须证明:在格点多边形 P 中所包含的初等三角形的个数为(注意到每个初等三角形面积为 $\frac{1}{2}$)

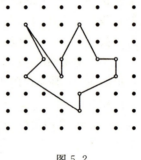

图 5.2

$$N(P)=n+2m-2$$

这是显然的,对于有 n 个边界点,m 个内点的初等三角形分割,恰可割成 $N(P)$ 个(这可用数学归纳法证明. 如图 5.3 中 $m=2,n=9$,则 $N(P)=11$).

进而还可以证明:关于 $N(P)$ 的数目公式等价于多面体元素间关系计量的欧拉公式(我们在 1.2 节中已经提及):

$$V-E+F=2$$

其中,V,E 和 F 分别为空间多面体的顶点数、边数和面数.

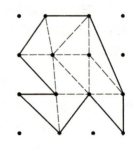

图 5.3

这是对多边形而言,对一般不规则图形,可以用它的内接和外切多边形去近似计算,还可以在它上面打上格子,假定相邻两线之间距离是 d,则每一方格的面积便是 d^2. 然后按照某种规定,比如所有左下角格点

第 5 章 其他物理原理在数学中的应用

落到该图形区域内的小正方形(图 5.4 中有阴影者)的面积之和,可看成是该区域面积的近似值. 即若左下角落到该区域的正方形(即格子点数)为 N,则该区域面积 $S \approx Nd^2$.

为近似计算 π 的值,德国数学家高斯曾在半径为 r 的圆中数出格点的数目 $f(r)$;这里圆心是一格点,而 r 是一整数. 高斯凭实算找出对应于一些 r 值的 $f(r)$ 来,例如

图 5.4

$r = 10, f(r) = 317,$

$r = 20, f(r) = 1\ 257,$

$r = 30, f(r) = 2\ 821,$

$r = 100, f(r) = 31\ 417,$

$r = 200, f(r) = 125\ 629,$

$r = 300, f(r) = 282\ 697.$

每个方格的面积假设均为一个单位,因此 $f(r)$ 就等于被左下顶点在圆内或边上的所有方格覆盖的面积(图 5.5). 这样, $f(r)$ 与圆面积 $r^2\pi$ 之差不超过与圆相交的(包括计算进去的或未计算的)方格面积的总和 $A(r)$,即

$$|f(r) - \pi r^2| \leqslant A(r)$$

从而

$$\left|\frac{f(r)}{r^2} - \pi\right| \leqslant \frac{A(r)}{r^2}$$

求 $A(r)$ 的估值并不困难. 注意到单位正方形的两点间最大距离是 $\sqrt{2}$,所以所有跟圆相交的方格都落在一个圆环内,环的宽度为 $2\sqrt{2}$,而夹在半径为 $r+\sqrt{2}$ 和

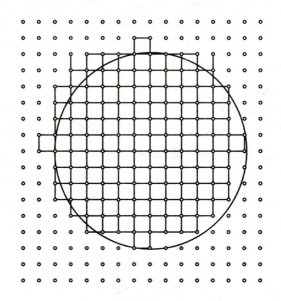

图 5.5

$r-\sqrt{2}$ 的二圆之间. 圆环的面积

$$B(r) = [(r+\sqrt{2})^2 - (r-\sqrt{2})^2]\pi = 4\sqrt{2}\pi r$$

但 $A(r) < B(r)$，所以

$$\left|\frac{f(r)}{r^2} - \pi\right| < \frac{4\sqrt{2}\pi}{r}$$

由此再运用求极限的方法，就得到我们所要找的公式

$$\lim_{r\to\infty}\frac{f(r)}{r^2} = \pi$$

下面把高斯求得的 $f(r)$ 的值代入上式，得出下列 π 的近似值 ($\pi = 3.14159\cdots$)

第 5 章 其他物理原理在数学中的应用

r	10	20	30	100	200	300
$\dfrac{f(r)}{r^2}$	3.17	3.142 5	3.134	3.141 7	3.140 725	3.141 07

最后一个结果已精确到小数点后两位(有三个有效数字).

人们还可以利用格点理论导出许多数学结论,比如可以导出莱布尼茨(G. W. Leibniz)级数

$$\frac{\pi}{4}=1-\frac{1}{3}+\frac{1}{5}-\frac{1}{7}+\cdots$$

此外,格点理论还可以推广到三维,利用它可以得到更多的结论(包括一些物理学上的结论).

格点实际上是一种粗的"比重"算法,当格子分得愈来愈细时,由上述计算方法得到的面积的值便愈来愈接近该区域的面积(这一思想与积分的思想很接近),然而计算上却愈来愈麻烦,于振善的比重算法,正是转化了这一矛盾.

人毕竟是聪明的,用于振善的方法去计算某些不规则图形的面积虽然巧妙,但有时又显得不方便:要剪图形,要称重量……而利用摩擦力去计算不规则图形的面积,则是一种计算面积的仪器——摩擦求积仪的设计思想,关于它我们不详细介绍了,有兴趣的读者可参考有关的书籍.

当然从某种意义上讲,计算尺、计算器、计算机也都是用物理原理和器械进行数学计算的.

我们知道:三等分任意角(仅用直尺、圆规)是不可能的(它和"化圆为方"、"倍立方体"问题一起被视为尺规作图三大难题,但答案均是否定的),这一点已为数学所严格证明.然而借助其他手段,则问题有可能

解决,图 5.6 是一个三等分角的仪器,这种三分角的方法,应视为物理(或机械)的.

下面我们来看一个借助概率论原理,用实验的方法(它是属于物理的)计算圆周率 π 的例子.

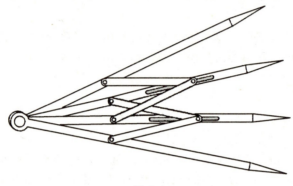

图 5.6

圆周率是一个理论和实践上都很重要的数值,但它是一个超越数[①],因而是无限不循环小数,故只能求它的近似值.在电子计算机问世之前,计算它是很麻烦的.我国古代数学家对此作出过较大贡献.

东汉初年的数学书《周髀算经》中,已有"周三径一"的记载,这是最早的圆周率,通常称为"古率",尔后南朝祖冲之在《缀术》一书中,用割圆法给出 $\frac{22}{7}$ 和 $\frac{355}{113}$ 两个分数表示的圆周率(它们分别精确到小数点

---

① 超越数是相对于代数数而言的. 代数数是指满足 $\sum_{k=0}^{n} a_k x^k = 0$ 的数,其中 $a_n \neq 0 (n \geq 1)$,且 a_k 是有理数 $(k = 0, 1, \cdots, n)$. 超越数则是不满足任何有理系数多项式的数.

第 5 章　其他物理原理在数学中的应用

后第三位和第六位),它们分别称为"约率"和"密率",这个发现比外国人要早一千多年.

电子计算机问世之后,计算 π 已不再是令人望而生畏的事了,据报载,十几年前日本学者已用电子计算机计算出小数点后 200 万位的 π 的近似值. 1986 年前后美国科学家利用巨型计算机算得 π 的 29 360 000 位小数,1988 年日本科学家金田康正已把计算纪录推至小数点后 2.015 26 亿位,1989 年美国科学家又两次刷新纪录,分别把 π 计算到小数点后 4.8 亿位和 10.1 亿位. 至 2002 年已将 π 算至小数点后 12 411 亿位,到 2009 年 8 月,π 的值已算至 25 769.8 亿位(日本筑波大学的计算专家完成).

用投针方法计算圆周率又称蒲丰(Buffon)问题(蒲丰于 1777 年发表于《算术修养随笔》上). 其方法是:

取一根粗细均匀的针,量一下它的长度,然后在一张大纸上,画出一系列宽为针长两倍的平行线,将纸放平,把针随意地往上投,针落到纸上后可能与这些平行线相交(图 5.7),也可能不相交,把投针的总次数 m 与针和直线相交的总次数 n 分别记下,这时 $\dfrac{m}{n}$ 便是 π 的一个近似值.

它的道理可以简易解释如下:我们在初等概率中已经知道,如果点以等可能概率落到图 5.8 的区域 A 中,那么它落到区域 B(包含在 A 中)中的概率 $P = \dfrac{S_B}{S_A}$,这里 S_A, S_B 分别表示区域 A, B 的面积.

我们设法把投针问题转化为上述问题.

若把针的中点 M 到离它最近的一条直线的距离

数学解题中的物理方法

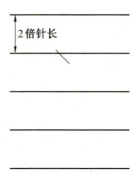

图 5.7

记为 y，把针与该直线夹角记为 φ，这样数对 (y,φ) 便完全可以决定针的位置.

设针长为 1，则 $0 \leqslant y \leqslant 1$，$0 \leqslant \varphi < \pi$. 由图 5.9(a) 可见：针与直线相交 $\Leftrightarrow y \leqslant \dfrac{1}{2}\sin\varphi$.

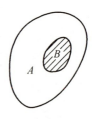

图 5.8

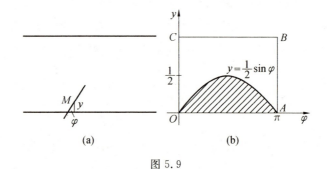

图 5.9

我们把 $y = \dfrac{1}{2}\sin\varphi$ 的图形在坐标系 φOy 下画出

第5章 其他物理原理在数学中的应用

[图 5.9(b)],由图可见:针的中点 M 不会超出图上的矩形,而针与直线相交相当于 M 落在阴影部分,而 M 落在阴影部分的概率

$$P = S_{阴影部分} / S_{矩形 OABC} = 1/(1 \times \pi) = 1/\pi$$

这里
$$S_{阴影部分} = \frac{1}{2} \int_0^{\pi} \sin \,\mathrm{d}\varphi = 1$$

从而 $P \approx \dfrac{n}{m}$,这样 $\pi \approx \dfrac{m}{n}$,这便是投针法计算圆周率的道理.

据载,1850 年沃尔夫用此法掷 5 000 次后,得到 $\pi \approx 3.159\ 6$;1901 年拉兹瑞尼掷 3 408 次后,得到 $\pi \approx 3.141\ 592\ 9$,已精确到小数点后第六位.

注1 一个更为直观的求 π 方法如下:设周长为 π 的铁圆环(直径是1)落到相距为 1 的平行线组时,圆环与直线总有两个交点(图 5.10).故投 m 次,有 $2m$ 个交点.

若将圆环拉直,其长恰为 π. 当它投下时与这

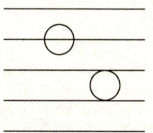

图 5.10

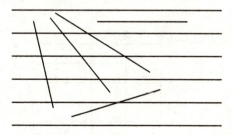

图 5.11

些平行直线的交点数可为 4,3,2,1 或 0(图 5.11),但铁线长与圆环长一样,当掷的次数相同时,它与平行线组的交点数,应与圆环与平行线组的交点数一样,即掷 m 次时有 $2m$ 个交点.

应该说明一点,圆环剪断拉直后的抛掷同圆环抛掷与平行线组相交点数问题相同(抛掷次数相同时),这是由圆和直线的性质决定的,粗略地讲:圆上的点可与直线上的点一一对应(图 5.12). 对于其他图形与直线而言,一般无此性质.

而铁线与平行线相交的可能性与铁线长度成正比,故若针长为 $\frac{1}{2}$,同样投 m 次,长是 π 的铁线与平行线组交 $2m$ 次,而针交 n 次,则

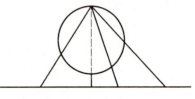

$$\frac{2m}{n} = \frac{铁线长}{针长} = \frac{\pi}{1/2}, \text{即} \frac{m}{n} = \pi.$$

图 5.12

注 2 法国数学家拉普拉斯(Laplace)在 1812 年的著作《概率的理论分析》中对蒲丰问题作了推广:平面上由两组间距分别为 a,b 的平行线垂直相交构成网络(图 5.13),随机地向该网络投(抛)一长为 $l(l<a$ 或 $l<b)$ 的棒,则棒与该网络某直线相交的概率为

$$\frac{2l(a+b)-l^2}{\pi ab}$$

图 5.13

第 5 章　其他物理原理在数学中的应用

注3　这一思想在电子计算机的计算上也有广泛应用——即所谓"**蒙特卡罗方法**"(统计试验法). 这个方法是 1945 年由乌拉姆(Ulam)和冯·诺伊曼(John Von Neumann)引入的. 其基本思想是：

当一个问题计算困难时,用一个有同样答案的概率问题来代替,然后通过随机试验(或用计算机模拟),找出该概率问题的答案,以代替原问题的计算结果.

如果从更广泛的意义上讲,"涂色"也可视为一个物理方法. 涂色与数学证明有关吗？有. 不信请你看几个例子.

例 1　图 5.14 是由 14 个同样大小的正方形组成的图形,试证:无论如何剪裁(沿图中直线),总剪不出 7 个由两个相邻小正方形组成的矩形来.

直接证明也许是困难的,但我们可用涂色的办法把这个问题巧妙地解决.

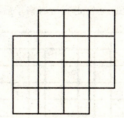

图 5.14

证　如图 5.15 所示,我们将图形涂上色,容易看出:若能剪出 7 个由相邻的两个小正方形组成的矩形,那么每个矩形一定是由 1 个涂色的小正方形和 1 个不涂色的小正方形组成的,这样应该有 7 个涂色的小正方形和 7 个不涂色的小正方形.

由图可以看出,它有 8 个涂色的小正方形和 6 个不涂色的小正方形,故题设剪裁是无法进行的.

数学解题中的物理方法

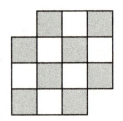

图 5.15

注 1   这个结论可推广为:

在 $2n \times 2n$ 的格子正方形中,去掉两个对角格子后,剪不出 $2n^2 - 1$ 个由相邻两个小正方形组成的矩形来.

注 2   在 $2n \times 2n$ 的格子正方形中,按国际象棋棋盘办法涂色后,在任何位置去掉一个白格和一个黑格后,总可剪出 $2n^2 - 1$ 个由相邻两个小正方形组成的矩形来(Gomory 定理).

证   把一把 n 齿叉和一把 $n-1$ 齿叉放在格子正方形上(图 5.16),此图形迷宫式的效果就是把格子正方形上的小格排成循环次序,你可绕此迷宫走完所有格子后再回到出发点.

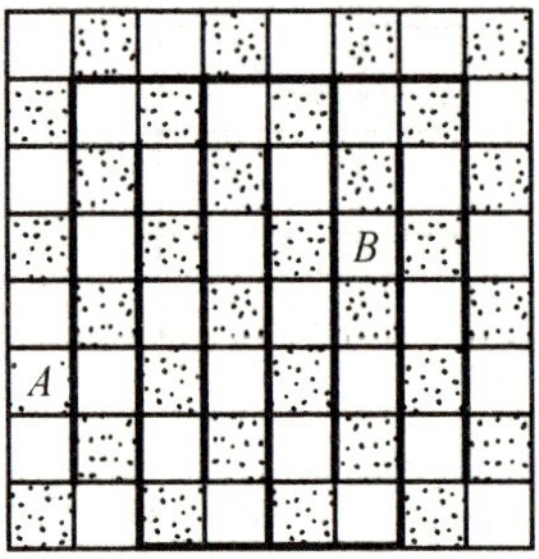

图 5.16

设图中 A, B 两格被去掉. 注意到按图中循环次序,这些小格子颜色交替变换. 这样,位于一个白格和一个黑格间的小正方形个数总是偶数,故 A, B 间恰好有可剪裁整数个 1×2 矩形的地方,只要我们绕迷宫路径剪裁即可. 唯一可能出问题的地方是拐弯处.

第5章 其他物理原理在数学中的应用

当然这种裁剪问题可视为用 1×2 的矩形去覆盖格子正方形,这样我们容易讲清拐弯处的问题.因矩形 1×2 可以转个身在格子正方形上来回挪动,故总可以绕过一个角不留任何空隙.

另外一个特殊情形是:去掉的黑白格在相邻两列,且一个在中间,一个在拐弯处,这时只须调整初始放置的小矩形位置即可.

综上所述,总可以沿迷宫里从 A 到 B 和从 B 到 A 两条路径走完全部格子,即可用 1×2 矩形将格子正方形铺满(或剪出 $2n^2-1$ 个由相邻格子组成的小矩形).

例2 如图 5.17 所示,九宫格上填着不同的数字.若将相邻两格同加(减)一数为一次运算,请问:能否经过若干次运算后,使九个格中所有数字全部变成 0?

图 5.17

解 为了看清每次运算后表格中数字的变化情况,我们将它按图 5.18 的方式涂色.容易看出,每次运算

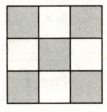

图 5.18

总是在一个黑格和一个白格中进行,那么运算后的差

$$\text{黑格数字和} - \text{白格数字和}$$

始终不变,这样由于

$$(0+2+7+4+5)-(3+6+1+9)=-1\neq 0$$

故知,使它们全部变 0 的情况是不会发生的.

注 与例 2 类似的问题还有很多,比如:

问题 1 一块 8×8 国际象棋棋盘,每次把一行或一列上各

数学解题中的物理方法

格同时改变颜色(白 → 黑,黑 → 白),试问能否经过有限次改变颜色,使棋盘仅剩下一个黑格?

解 设某行(或列)上有 k 个黑格,$8-k$ 个白格,则此行(或列)改色后将有 $8-k$ 个黑格,k 个白格.

这时,黑格改变数为 $(8-k)-k = 8-2k$,为偶数. 显然,只剩下一个黑格的情况不会发生.

问题 2 对于一个国际象棋棋盘,把位于其内部的 2×2 个方格均改变颜色,实施若干次这种变换,能否使棋盘上仅剩下一个白格?

解法同上,答案也是否定的.

多种涂色方法有时也会遇到,请看下例.

例 3 能否用 1×4 方格把 10×10 方格的棋盘全部覆盖(没有重叠)?

解 如图 5.19 那样用四种颜色将 10×10 方格分别涂上色.

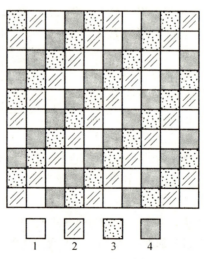

图 5.19

容易看出,用 1×4 方格覆盖,无论如何放置,总会盖住四种颜色方格的每一个.而图中色号为 2 和 4 的方格总数分别为 26 和 24.

这就是说:1×4 方格无法无重叠地覆盖 10×10 方格的棋盘.

涂色方法还能帮助我们解一些更复杂的问题,比如不等式问题.

例 4 把一个正三角形分割成 n^2 个小正三角形(图 5.20),将它们中的一部分分别标上号码 $1,2,3,\cdots,m$,标号原则是要求相邻号码的三角形有相邻边.证明:$m\leqslant n^2-n+1$.

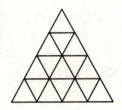

图 5.20

证 如图 5.21 把三角形涂上颜色,这时,

黑 △ 有 $1+2+\cdots+n=\frac{1}{2}n(n+1)$ 个,

白 △ 有 $1+2+\cdots+(n-1)=\frac{1}{2}n(n-1)$ 个.

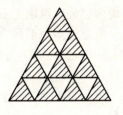

图 5.21

由题设知,两相邻标号的三角形涂有不同颜色,由于白 △ 比黑 △ 少(至少少 1 个),这样,标号的三角形不能多于

$$2 \cdot \frac{1}{2}n(n-1)+1 = n(n-1)+1 = n^2-n+1$$

例5 用不相交的对角线把凸 n 边形分成若干三角形,已知在多边形每个顶点处均汇集奇数个三角形.证明 n 是 3 的倍数.

解 如图 5.22 所示,将多边形分割成三角形后的图形涂上色,使其相邻两三角形异色.这可由下面方法实施:

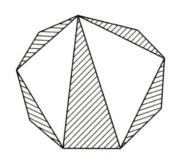

图 5.22

先将对角线依次编号,然后按号将每条对角线划分的两部分区域涂上不同颜色.

由题设多边形每个顶点处均汇集奇数个三角形,按上述涂色方式,多边形所有的边属于同色三角形(图 5.19).

用 m 表示所有白色三角形的边数,显然 m 是 3 的倍数.

又每个白色三角形的边也为黑色三角形的边,而多边形的所有边也为黑色三角形的边,这样,黑色三角形的边数为 $m+n$,它也能被 3 整除.

从而,3 能整除 n.

利用涂色方法,有时还能解决一些实际问题,

第5章 其他物理原理在数学中的应用

比如：

例6 一展览厅由全等的正六边形房间组成，在聚于一点的三面墙中的两面各开一门，试证：不论沿多么曲折的路线参观，当参观者返回出发的房间时，他所走过的门数定为偶数．

证 我们把有公共门的两个房间叫做相邻的．将展览厅的房间按图 5.23 所示涂上色，使相邻的房间颜色不同．

注意到当从某种颜色的房间走到同色房间必经过另一种颜色的房间，即所经过的门的个数必是偶数，那么，当你回到出发的房间时，所走过的门的个数也定为偶数了．

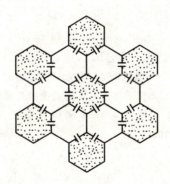

图 5.23

1947 年匈牙利数学竞赛试题中有下面一个问题（它也是 1953 年美国普特南数学竞赛试题）：

例7 任何一个有六人的聚会上，如果其中任意两人要么互相认识，要么互相不认识．试证：其中至少有三人，他们要么彼此都相识，要么彼此都不相识．

证 我们用点表示人，用点间连线表示关系：实线表示相识,虚线表示不相识.

这样,某个顶点(比如点 A)与其余五点的关系连线中,必有一种连线不少于三条,比如实线,记它们为 AB,AC,AD(图 5.24).

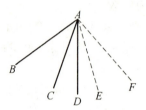

图 5.24

然后考虑 B,C,D 之间的连线,若它们之间均以虚线相连[图 5.25(a)],说明 B,C,D 三人互不相识;若不然,它们中至少有一条实线,比如 BC,则 A,B,C 三点连线均为实线[图 5.25(b)],这表示三人彼此皆相识.

注 这是一个著名的数学问题,它与"图论"中的所谓"拉姆赛定理"有关.本例还有进一步的结论:"具有这种关系的三人至少有两组",这是 1959 年美国数学家古德曼(A. W. Goodman)得到的.

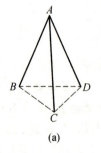
(a)

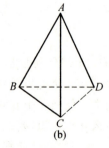
(b)

图 5.25

这个问题及其推广形式曾多次出现在各种数学竞赛问题

第5章 其他物理原理在数学中的应用

中.例如:

1. 9名数学家在一次国际会议上相遇,他们中任3人,至少有两人可用同一种语言对话.又每位数学家至多会3种语言.证明:至少有3位数学家可用同一种语言对话.(美国数学奥林匹克,1978)

2. 17个科学家中每一个均与其他科学家通信,信中仅讨论3个题目,而任何两个科学家之间仅讨论1个题目.证明:至少有3个科学家,他们互相通信中讨论的是同一题目.(国际数学奥林匹克,1964)

3. 某地区网球俱乐部的20名成员举行14场单打比赛,每人至少上1场.证明:必有6场比赛,其中12个参赛者各不相同.(美国数学奥林匹克,1989)

4. 有3所中学,每所有学生n人,每个学生都认识其他两所中学的$n+1$个学生.证明:从每所中学中可选出1个学生,使所选3人彼此相识.(匈牙利数学竞赛题)

5. 某纺织厂有6种颜色的纱用来生产双色布,每种双色布用两种颜色的纱搭配而成.在生产过程中,每种颜色的纱至少与其他3种颜色的纱搭配.证明:可选出3种不同的双色布.它们包括所有6种颜色的纱.(匈牙利数学竞赛题)

某些物理上的概念常常可使得一些抽象的数学命题的现象得到直观的解释,比如"概率论"中随机变量的数学期望$E(\xi)=\sum\limits_{i=1}^{n}x_ip_i$,如果给其一个力学上的比喻,则概念就形象得多:

设有一个总质量为1的质点组,各质点的位置坐标为$x_i(i=1,2,\cdots,n)$,它们的质量各为$p_i(i=1,2,\cdots,n)$;由$\sum\limits_{i=1}^{n}p_i=1$,则$\sum\limits_{i=1}^{n}x_ip_i$即为该质点组的重心坐标,故$E(\xi)$可视为概率分布中心.

再如"高等数学"中有一个公式

$$\frac{\pi^2}{6} = \prod_{p\text{遍历质数}} \left(1 - \frac{1}{p^2}\right)^{-1}$$

它不仅把所有质数包括了,还暗示它们与圆周率 π 的关系. 又自然数平方倒数和

$$1 + \frac{1}{2^2} + \frac{1}{3^2} + \frac{1}{4^2} + \cdots = \sum_{k=1}^{+\infty} \frac{1}{k^2} = \frac{\pi^2}{6}.$$

此外,随机地任取两个整数,它们互素(质)的概率是 $\frac{6}{\pi^2}$. 这些看上去令人费解的发现找到它们同样是困难的.

有人认为 π 不仅是单纯的数学的量,而且应该是物理的,它(上面等式)表示了自然现象的解析侧面与数论侧面的一种哈密顿力学的对应,即坐标与运动量的相互关系.

基本物理量可以按两种方法计算:一是从实数或复数出发,一是从 p 进制出发.

有人依据此思想证明了上面公式的正确性.

关于棋盘上的数学问题我们前面已经遇到了一些,下棋是一种"运动",然而与之相关的问题,有时对数学也会产生重要影响.

德国数学家高斯 1854 年提出:8×8 的棋盘上放 8 个王后,使它们彼此都吃不掉("后"直、斜行均可吃掉其他棋子). 有解吗?

高斯认为它有 76 种解,同时他给出了其中的 40 种解(图 5.26 为其中之一,图中 * 表示"后").

如今用电子计算机解答发现:它有 92 种解.

其实早在 1850 年已有人提出"n -后问题":$n \times n$ 的棋盘,置 n 个王后,使之彼此不能吃掉.

1969 年,E.J.霍夫曼证明:$n > 3$ 时,n -后问题均

第 5 章 其他物理原理在数学中的应用

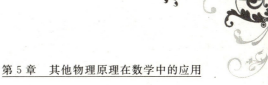

图 5.26

有解,其解的个数如下:

n	4	5	6	7	8	9	10	11	12	13
解的个数	2	10	4	40	92	352	724	2 680	14 200	73 712

1918 年,G. 波利亚指出,"n-后问题"与另一抽象数学问题"费马双平方和问题"有联系,该问题是费马于 1640 年 12 月 15 日写给梅森(M. Mersenne)的信中提到的:$4k+1$ 型质数,均可用两自然数的平方和表示(费马双平方和定理).

1754 年,数学大师欧拉给出了该问题的证明. 1773 年,他又给出另一种证明[1770 年拉格朗日(J. L. Lagrange)也给出一种证法].

值得一提的是:德国数学家闵科夫斯基(H. Minkowski)也给出过一种证明,它更为直观和初等(他是利用平面"格点"去解决的).

数学解题中的物理方法

1977年,L.B.拉森利用象棋"n-后问题"的结论,又一次证明"费马双平方和定理",这种看上去似乎风马牛不相及的问题,在这里(在数学中)得到了统一.

在近代科学中,数学与物理的关系更是密不可分,一方面,数学为物理学研究提供工具和方法;另一方面,物理中的某些结论又激发人们对于数学进行更深层次的研究.

1916年爱因斯坦(A. Einstein)创立的"广义相对论"受到了非欧几何[更确切地讲是黎曼(G. F. B. Riemann)几何]的启发,但同时正是该理论(广义相对论)首先为这种几何在物理上找到了应用.反过来,由于这一发现,又激发了人们对于非欧几何及其工具的研究热情,从而大大推进了非欧几何的发展.

又例如,希尔伯特(D. Hilbert)理论成为量子力学的基础;1917年拉登发现的数学公式竟然成为20世纪70年代出现的CT理论的核心.

著名物理学家杨振宁在规范场理论研究中提出的杨-米尔斯理论(Yang-Mills Theory)与著名数学家陈省身应用于"微分几何"研究中的纤维丛理论有着密切的联系,二者间的术语竟可一一对应(可谓不谋而合)!

正如杨振宁博士所说:"我非常惊奇地发现,规范场说是纤维丛的联络,而数学家们在提出纤维丛上的联络时,并未涉及到物理世界."他还说过:"至于为什么自然界的各种力(核力、电磁力、弱力和引力)都要建筑在几何学的纤维丛观念上,始终是不解之谜."

而陈省身认为:"规范场就是矢量丛的联络……微分几何与理论物理真是'同气连枝,同胞共哺'了."

第 5 章　其他物理原理在数学中的应用

同时他认为,这种抽象数学理论与物理实际惊人结合的理由在于"科学本身的整体性".

人们还看到,由于杨－米尔斯理论引起许多著名数学家的兴趣,从而引发了一系列数学问题,随着这些问题的解决,无疑又促进了杨－米尔斯理论的发展.

物理与数学真是"同气连枝,同胞共哺".

习　题

1. 在果园里,相邻两株树的距离是 d(图 5.27 中黑点代表树的位置),若园子面积是 A,试证:果树株数 N 可用下面近似公式表示

$$N \approx \frac{2}{\sqrt{3}} \cdot \frac{A}{d^2}$$

这是林学上常用的一个公式.

[提示:对应于每株树,有一个四边是 d 而左角是 $60°$ 的菱形,它的左角顶点恰好是树的位置(图 5.28).]

图 5.27

2. 设计一种投针的方法,使之可以近似计算 $\sqrt{N}$,这里 N 是自然数,且 $\sqrt{N}$ 是无理数.(这里假定 π 值已知.)

[提示:若两平行直线距离是 2,取针长为 $\sqrt{N}$(这用几何作图方法可以得到),这样 $\sqrt{N} = \pi \cdot m/n$,其中 m, n 为针与直线相交次数与投针的次数.]

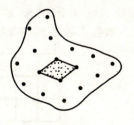

图 5.28

3. 图 5.29 是由 4 个 1×1 方格组成的"L"形,今用若干个"L"形纸片无重叠且无缝隙地拼成一个 $m \times n$ 的矩形.试证 mn 必为 8 的倍数.

数学解题中的物理方法

[提示：因"L"形面积为 4，则首先有 $mn=4k$，此即说 m,n 之一为偶数，不妨设 m 为偶数．余下来只须证明 k 为偶数．将图形按图 5.30 涂色．由于 m 是偶数，显然图中白格与黑格数相等．又无论"L"形纸片如何放，它所占格

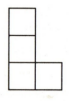

图 5.29

子必为"3 黑 1 白"或"3 白 1 黑"，设它们分别有 s 和 t 个，它们的黑白格总数分别为 $3s,s$ 和 $t,3t$，由 $3s+t=s+3t$ 知 $s=t$，从而知 $k=s+t$ 是偶数．]

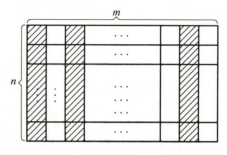

图 5.30

4. 在 3×7 的格子矩形（图 5.31）中用两种颜色涂每个小正方形，试证：无论怎样涂，必存在一个矩形，使其四角上的小格子同颜色．你再设计一种涂法，证明 4×6 的格子矩形不行．

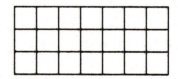

图 5.31

[提示：由 $3\times 7=21$ 格涂两色，其中至少有 11 格同色，今设为白色．而 11 个白格分布在 3 行中，必有一行至少有 4 个白格．取出它所在的列，若其余两行中有一行至少有两个白格，则

第5章 其他物理原理在数学中的应用

问题获解;否则若每行至多有 1 个白格,则除去白格的列外,余下的列中必存在一个四角均为黑格的矩形.对于 4×6 方格不成立的例子如图 5.32 所示.]

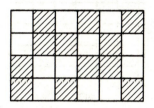

图 5.32

5. 一棋盘用若干 2×2 和 1×4 方格纸片盖满,证明:若从中去掉一个 2×2 纸片,用一个 1×4 纸片替代,则棋盘将不能铺满.

[提示:将棋盘如图 5.33 涂色,则每一个 2×2 纸片只能盖住 1 个黑格,而 1×4 纸片能盖住 2 或 0 个黑格.这时棋盘黑格数的奇偶性与 2×2 纸片数的奇偶性一致,而用 1×4 纸片代替 2×2 纸片时,奇偶性将发生变化.]

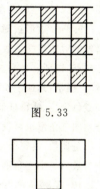

图 5.33

6. 证明:10×10 棋盘不能用一些"T"形(图 5.34)纸片无重叠地覆盖满.

[提示:将棋盘涂成国际象棋棋盘,考虑"T"形纸片覆盖棋盘黑、白格的奇偶性.]

图 5.34

7. 证明:在 $n\times n$ 棋盘上($n>4$),必能选出不少于 $\frac{n}{4}$ 个没有公共点的方格.

[提示:如图 5.35 那样将棋盘涂色(四种颜色),显然可从中选取不少于 $\frac{n}{4}$ 个同色方格,而它们彼此无公共点.]

8. 证明:若凸 n 边形 n 个顶点均在格点上,且多边形内部和

数学解题中的物理方法

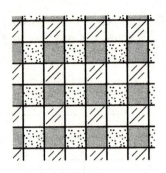

图 5.35

边上再无其他格点,则 $n \leqslant 4$.

[提示:将方格平面依 7 题提示的方法涂色,若此时 $n \geqslant 5$,则能取 n 边形两个具有同样颜色的顶点,以这两个顶点为端点的线段中点必是格点,因为多边形是凸的,则以多边形顶点为端点的线段中点,或在多边形内部,或在多边形边上.]

9. 凸 n 边形被对角线分划为三角形,满足:① 从每个顶点出发的对角线的条数均为偶数;② 任两对角线除顶点外无其他公共点.试证 n 必为 3 的倍数.

[提示:先证平面若被 n 条直线分为 m 部分,则它们可用两种颜色涂色,使得任何相邻两部分异色;这样本题中由对角线分划的三角形也可仅用两种颜色去区分. 又每个顶点引对角线条数是偶数,故每个顶点出发的三角形个数是奇数,从而第一个与最后一个三角形同色.]

10. 在 8×8 的方格正方形中标出 16 个小方格,使每行每列均有两个标出的方格. 证明:可以把 8 个白棋子和 8 个黑棋子放在标出的方格上(每格放 1 子),使每行每列仅有 1 个白子和 1 个黑子.

[提示:从某一标出的方格出发沿行走到该行中另外标出的方格,再从该方格沿列走到该列中另外标出的方格,如此下去最后必可回到出发点,这样可以在此封闭路线上黑白交替布子. 若路线已封闭但仍有标出的格子未走到,可按上面方法再

第 5 章 其他物理原理在数学中的应用

从某一标出的格子出发构成第二条封闭路线.]

注 这个问题的结论还可以推广到 $n \times n$ 的格子正方形中去. 它还可以换成下面一种等价的提法：

有 n 个姑娘和 n 个小伙子去参加舞会，每个小伙子都只认识其中的两位姑娘，每个姑娘也都仅认识其中的两位小伙子. 则必可将这些姑娘和小伙子分成 n 对，使每对中的姑娘、小伙子是彼此认识的.

数学解题中的物理方法

并非懒人的方法——
"实验数学"刍议

附录

几年前,笔者为《科学》杂志撰写了此文,文中涉及一些例子有的本书已有阐述,这次作为本书附录对其进行了删节.正如本文结语写的那样:严格地讲,这里列举的方法当然不能作为严格的推理或证明,本文也绝非是对数学严谨性的挑战,目的只是设法为严谨而抽象的数学找出一些并不抽象的诠释,至少这不算是对神圣数学的亵渎吧!

你听说过实验物理、实验化学、实验生物……,但未必或很少听说过实验数学.

数学一向以推理有据、计算精确、结论无悖而著称.人们生活离不开数学,然

而数学却不同于生活,在生活中 1 加 1 未必等于 2(例如,1 体积沙子掺合 1 体积水泥后的体积不再是 2). 对于数学本身,严格性也不是绝对的. "三等分任意角"是欧几里得几何中的"尺规作图"三大难题之一,早已被证明是不可能问题. 请注意条件,这里的"尺"无刻度、"规"是普通圆规,然而凭借另外一些工具解此题又变成可能. 不久前美国《数学杂志》发表艾萨克斯(R. Isaacs)的无字数学文章中给出一种可以三等分任意角的工具,虽然它看上去不很"正统",但却是无懈可击、而且新鲜有趣(见本书前文图).

记得小学数学课上老师在讲解"圆锥体积"时,他拿出一个圆锥模型,盛满沙子,倒入同底等高的圆柱模型中,三次恰好将圆柱注满,使人似乎有"圆锥体积等于同底等高圆柱体积的 1/3"(附图 1)的结论,当然严格的证明要到高中几何去讨论,但上面的演示却给人留下极深印象.

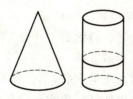

圆锥体积为同底等高圆柱体积的三分之一

附图 1

这些似乎都可视为"实验数学"的范畴. 其实"实验数学"的例子由来已久,三国时曹冲用船排水来称大象的重量;美国大发明家爱迪生用盛水量筒测量灯泡的体积;还有解放初期闻名全国的尺算家于振善用"称地图"的方法"称量"出不规则地块的面积等均属此法.

数学解题中的物理方法

高斯说过:"代数是懒人的算术."用实验方法解决数学问题,看上去有似懒人的做法.实验可否认为是解决某些数学问题的工种手段(至少是一种辅助手段)?这个问题蕴涵较深的哲学背景,因为这将涉及什么是数学证明或计算的问题;关于这些不是本文讨论的目的.当然笔者也决无亵渎数学神圣、严谨、抽象之意,这里只是撷取几个典型例子供大家品鉴.

打井问题

20 世纪 60 年代我国农村流传一个打井问题:在一块不规则的地块里想要打一口井,假如地下水资源分布无大差异,试问井打在何处可使得用此井浇完全部地块时所花费时间最少?

这是一个极值问题(严格地讲是一个最优化问题),然而这个"其貌不扬"的问题要是精确地去解决,其复杂程度远远超出人们的预料:打水灌地,当然要算地块的面积,别说算面积,就是将它的周界方程写出来也绝非易事(土地形状不规则).

据说当年是老农们创造了一种"笨"办法,竟使问题解决得如此巧妙而简单.

先用纸剪出地块的形状,然后依某个方向将纸片对折且不断错动以使纸片重叠部分尽量大,敲定后将纸折出一条折痕,然后换个方向再重复上面操作,这样几次下来便形成一个小的区域,这里便是打井的最佳位置.如果还要再精细,可将所得小区域再实施前面方法或者再多选几个方向以得到更多折痕,便可进一步缩小选取范围(附图 2).

顺便提一句,求积仪(测量不规则图形面积的一种仪器)的发明是借助于物理学上的摩擦原理(当属实验

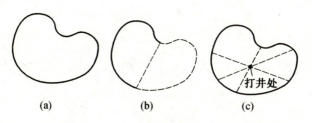

(a)　　　　(b)　　　　(c)

附图 2

性质),但它却为我们提供了计算不规则图形面积的一种近似方法.此外还有其他求不规则图形面积的近似方法如方格法(点格法),蒙特卡罗法(随机试验法)等,严格地讲这些均是实验方法.

网络最大流量＝最小割容

运筹学有向网络优化问题中有一类求最大流量问题,比如一个有向网络(其中的有向线段称为弧),图中的数字表示该弧的容量(它可视为交通容量,输送水、电、气的容量或能力等),在容量允许的情况下可以安排一定流量(对每段弧而言其上面的流量不应大于容量).试问,该网络中从起点到终点的最大流量是多少?

在求解这类问题时,常常依据下面定理作为准则:网络的最大流量等于最小割容量.

什么是割?什么是割容量?简单地讲,一条可以切断网络中从起点到终点的曲线称为割线,简称割.割所经过的网络中从起点指向终点的全部弧的容量之和称为割容量,简称割容.

一个有向网络(附图 3),图中的数字为该有向线段的容量.一个有用的概念是割,所谓割即为切断从 S 到 T 的线(图中 KK' 即为一条),割所经过的网络中从 S 到 T 的全部有向线段容量和称为割容(如图中 KK'

数学解题中的物理方法

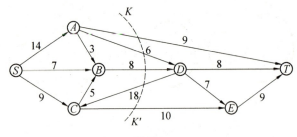

附图 3

的割容为 $9+6+8+10$，注意容量为 18 的有向线段指向为 $T \to S$，故不计在内），该网络最大流量即为所有割容中的最小的.

前述命题证明也许并不十分困难，但真正理解起来却颇费心思. 可如果你换个角度去理解，定理的结论几乎显然的.

试想一个给水系统（从水厂到用户），其管道显然是一个有向网络，每段管子的粗细即为其通水能力或容量，切断其中任一部分，水将无法从起点（水厂）流到终点（用户），断流水管的切割可看成是一条割线（附图 4）.

系统最大通水能力（最大流量）显然等于其中最细（直径最小）的管子处的通水能力（只考虑水厂点至用户方向），即为最小割容.

自然数方幂和

实验方法在应用数学上有不少运用（见前文）. 其实，在代数、几何等一些"纯"数学分支中，实验方法有时也能发挥意想不到的功效.

自然数方幂和问题是一个典型例子.

2 000 多年前，人们就知道了自然数前 n 项和公式：

附 录

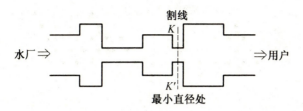

附图 4

$$1+2+3+\cdots+n=\frac{1}{2}n(n+1)$$

公元前 2 世纪，古希腊学者阿基米德（Archimedes）等人已知道自然数二次方幂和公式：

$$1^2+2^2+3^2+\cdots+n^2=\frac{1}{6}n(n+1)(2n+1)$$

公元 1 世纪，尼科梅切斯（Nichomachus）给出自然数三次方幂和公式：

$$1^3+2^3+3^3+\cdots+n^3=\left[\frac{1}{2}n(n+1)\right]^2=(1+2+3+\cdots+n)^2$$

幂和公式可通过递推方法得到，但人们并不满足于这些烦琐的方法. 比如

$$1+2+3+\cdots+n=\frac{1}{2}n(n+1)$$

或 $1+3+5+\cdots+(2n-1)=n^2$

几乎在发现它们的同时，人们就利用正方形格点给出了其几何解释. 这远比递推方法直观，大大增加了数学的趣味性. 这些例子不难构造，读者不妨自己试一试（附图 5）.

至于自然数四次方幂和公式，直到 11 世纪才由阿拉伯数学家给出，更高次方幂和是由荷兰数学家雅各布·伯努利（J. Bernoulli）在其所著《猜度术》一书中给

附图 5

出的,且为此引进了 Bernoulli 数.

其实利用附图 6 可推导出自然数平方和、立方和、…… 公式(用不同方式计算表中全部数和):

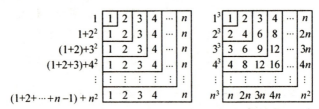

附图 6

当然还可以通过附图 7 导出自然数平方和公式,只须按不同方式计算大矩形面积然后列出等式即可.

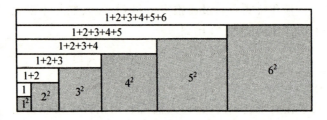

附图 7

据称,此方法是 11 世纪波斯数学家阿尔·海赛姆 (Al. Haitham) 给出的. 用他的方法还可类比地得到自然数 3 次,4 次,…,m 次方幂和.

仿上方法通过下面两图中大正方形面积计算(图

中数字表示该正方形边长),也可导出自然数立方和公式,注意下右图中不同阴影图形面积相互抵消.

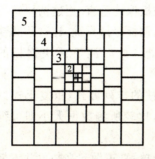

附图 8

裁圆问题

大小不等的七个圆 $C_1, C_2, C_3, C_4, C_5, C_6, C_7$ 一个靠一个地放在一条直线 l 上(即与 l 相切且均位于 l 同侧).它们所占用的直线段长度何时最长?何时最短?

首先需要说明的是,所谓占用直线的长度,指的是一对平行线 l_1, l_2 之间的距离.七个圆均在 l_1, l_2 之间.l_1, l_2 与 l 垂直,且 l_1, l_2 分别与最靠边的两个圆相切,不妨设这七个圆从大到小依次为 $C_1, C_2, C_3, C_4, C_5, C_6, C_7$.可以证明,按 $C_1, C_2, C_3, C_4, C_5, C_6, C_7$ 的顺序排列所占用的直线段最长;而按 $C_1, C_7, C_2, C_6, C_3, C_5, C_4$ 的顺序排列所占用的直线段最短(附图 9).

附图 9

欲证明上述结论,需经过一番演算才行,然而用一种实验方法验证似乎简单得多.按照圆的尺寸用车床车出七种不同半径的小圆铁柱,并把它们平行地堆放在铁板上.

再找两块钢板,均与铁板保持垂直.用这两块钢板把七个小圆铁柱夹在中间,钢板尽量靠拢,让这些圆铁柱顺次相切,且不离开铁板,此时测下两块钢板的距离.

然后再换一种小圆铁柱的排列方式,重复上述过程……一一试完后,最后,比较所测数据大小即可得出结论.

这种比较、测算虽然简单,真正做起来却也并不轻松,但它却给我们解决下述问题一种启迪.

要从一批给定规格的铁板上冲出一些小圆(如用做盒盖、瓶盖等),由于铁板与小圆在形状、尺寸上的制约,铁板不能完全利用.一个具有实际意义的问题是:如何裁剪,可使下角料最少或冲出尽可能多的小圆片?

仿照上面的方法,先按铁板尺寸做一个方槽,然后裁出若干横截面与所裁圆半径相同的小圆铁柱.依照前法将小圆铁柱放入方槽,不断晃动以使它们彼此间的间隙尽量小,同时不断补放小圆铁柱.当小圆铁柱无法再放入时,就达到了最优(附图10).

顺便提一个貌似简单的著名的裁圆问题. 在这个问题中,铁板是一个 $1\,000.1 \times 2.0$ 的矩形,小圆直径则为 1. 人们对所裁圆的个数 σ 有结论:
$$\sigma \geqslant 2\,111; \sigma < 2\,113$$

左式的证明可见相应文献,实际上证得并不轻松;对于右式的证明则更繁. 至于 σ 究竟等于 2 111 还是 2 112,目前尚无定论. 这可否用实验方法去考证呢?

附 录

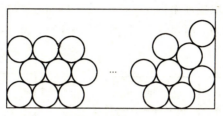

附图 10

裁正方形问题

有人还提出过大正方形裁成小正方形的问题. 比如:100 000.1×100 000.1 的正方形,最多可以裁出多少个单位正方形.

省事的裁法可以整整齐齐地裁出 10^{10} 个单位正方形,但却浪费了大约两个 0.1×100 000.1 矩形的面积.

附图 11 给出了整齐裁法与一种不规则裁法图,实算验证后者较优。

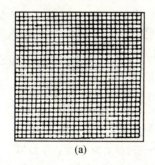 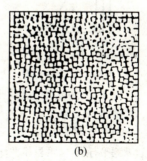

(a)　　　　　　　　(b)

附图 11

(a) 整齐摆法;(b) 较优摆法

美国的一位名叫格雷厄姆(R. L. Graham)的人给出一种可以多裁 1 899 个单位正方形的方法. 先把大

正方形裁成如附图 12(a) 的 Ⅰ,Ⅱ,Ⅲ 三块矩形,其尺寸分别为 99 950 • 99 950,50.1 • 100 000.1,99 950 • 50.1.

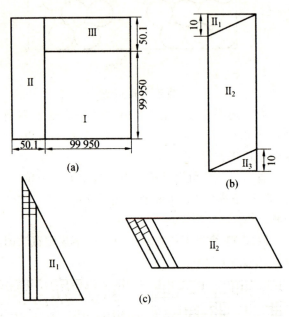

(a)

(b)

(c)

附图 12

(a) 按图中尺寸先将大正方形划分成三个矩形,其中 Ⅰ 是正方形(显然可被完全裁剪而无剩余);(b) 按图中尺寸再将 Ⅱ 划分成三块,其中 Ⅱ₂ 是平行四边形;Ⅱ₁ 与 Ⅱ₃ 是两个全等直角三角形;(c) 分别在 Ⅱ₁,Ⅱ₂,Ⅱ₃ 中作一系列平行线,满足相邻平行线之间距离为 1,然后在相邻平行线之间尽可能地多作单位正方形(对 Ⅲ 作类似处理).

Ⅰ 显然可以裁成 99 950² 个单位正方形;再将 Ⅱ 裁成 Ⅱ₁,Ⅱ₂,Ⅱ₃ 三块,其中 Ⅱ₁,Ⅱ₃ 是两个直角边长分别为 10 和 50.1 的直角三角形,且两直角就是 Ⅱ 中一对内对角．剩下的 $Ⅱ_2$ 是一个底与高分别为 99 990.1 和 50.1 的平行四边形．

如果一列平行线，每两条相邻平行线之间的距离为 1，则称为单位平行线系．今在 $Ⅱ_1$（$Ⅱ_3$）内部作一列分别与较长直角边平行的单位平行线系（该直角边也是其中的一条），容易算出每相邻两平行线间的区域（实为一直角梯形）最多可裁出多少个单位正方形．对于 $Ⅱ_2$ 可作类似处理．

至于 Ⅲ，只要仿照 Ⅱ 的裁法即可．

读者如有兴趣，不妨验算一下格雷厄姆的结论是否正确．

顺便讲一句，数学家厄尔多斯（P. Erdös）、蒙哥马利（H. Montgomery）以及格雷厄姆等人证明了：

$a \times a$ 的正方形（a 为较大正数）裁成单位正方形，使下料不多于 $a^{(3-\sqrt{3})/2} \approx a^{0.634\cdots}$ 面积单位的方法是存在的．

人们还猜测，最好的结果应该是下角料不多于 $a^{0.5}$ 面积单位，但这一点尚未证明．

13 球问题

1694 年英国天文学家格利高里（D. Gregorg）与他的挚友牛顿讨论体积不等的星体在天空中如何分布，从中引出一个问题：

一个单位球（半径为 1 的球）能否与 13 个单位球相切（但互不相交）？

牛顿认为不可能，而格利高里则认为可能．谁对呢？

它的平面情形早已解决：一个单位圆至多可以与 6 个单位圆相切（附图 13）．

数学解题中的物理方法

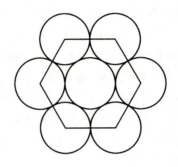

附图 13
一个单位圆可以和 6 个圆相切

而球相切的情形,起初人们得到"12 ≤ 相切球数 ≤ 14"的结论.直到 1953 年问题才由舒特(K. Schüte)和范·德·瓦尔登(B. L. Van der Waerden)解决.答案是 12 个. 3 年后,利奇(J. Leech)又给出一个更简单的证明.

其实验证它并不困难,做 14 个有磁性的同样大小的铁球,一个在中间,其余 13 个试着摆在它周围(彼此相切),你会发现:根本无法摆下,拿掉一个后,可以方便地(但并不轻松)摆上它们,这样便可以验证牛顿的猜测是对的(附图 14).

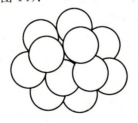

附图 14
1 个单位球可以和 12 个单位球相切

有了结论,人们再设法去严格证明,这也许可以让人少走些弯路.

例子与方法还可再列举一些,不过以上各事实已为"实践数学"或"数学实践"作了铺垫,尽管其中的有些只是诠释性的,但这有时也可起到事半功倍之效.

结　　语

笔者想在这里重申一下,本义绝非是对数学严谨性的挑战.我们列举以上事例,无非是想为抽象的数学找出一些并不抽象的诠释方法.这些方法当然不能算是严格论证,充其量只是一种巧妙的说明或核验.但它或多或少给我们某些提示与启迪.在日常生活与生产实践中有捷径可走,何乐而不为?这正是本书撰写的初衷.

哈尔滨工业大学出版社刘培杰数学工作室
已出版(即将出版)图书目录

书 名	出版时间	定价	编号
新编中学数学解题方法全书(高中版)上卷	2007—09	38.00	7
新编中学数学解题方法全书(高中版)中卷	2007—09	48.00	8
新编中学数学解题方法全书(高中版)下卷(一)	2007—09	42.00	17
新编中学数学解题方法全书(高中版)下卷(二)	2007—09	38.00	18
新编中学数学解题方法全书(高中版)下卷(三)	2010—06	58.00	73
新编中学数学解题方法全书(初中版)上卷	2008—01	28.00	29
新编中学数学解题方法全书(初中版)中卷	2010—07	38.00	75
新编平面解析几何解题方法全书(专题讲座卷)	2010—01	18.00	61
数学眼光透视	2008—01	38.00	24
数学思想领悟	2008—01	38.00	25
数学应用展观	2008—01	38.00	26
数学建模导引	2008—01	28.00	23
数学方法溯源	2008—01	38.00	27
数学史话览胜	2008—01	28.00	28
从毕达哥拉斯到怀尔斯	2007—10	48.00	9
从迪利克雷到维斯卡尔迪	2008—01	48.00	21
从哥德巴赫到陈景润	2008—05	98.00	35
从庞加莱到佩雷尔曼	2011—06	138.00	134
数学解题中的物理方法	2011—06	28.00	114
数学解题的特殊方法	2011—06	48.00	115
中学数学计算技巧	即将出版	38.00	116
中学数学证明方法	即将出版	48.00	117
历届IMO试题集(1959—2005)	2006—05	58.00	5
历届CMO试题集	2008—09	28.00	40
全国大学生数学夏令营数学竞赛试题及解答	2007—03	28.00	15
历届美国大学生数学竞赛试题集	2009—03	88.00	43
历届俄罗斯大学生数学竞赛试题及解答	即将出版	68.00	
前苏联大学生数学竞赛试题集	2011—06	48.00	128

哈尔滨工业大学出版社刘培杰数学工作室
已出版(即将出版)图书目录

书　名	出版时间	定　价	编号
数学奥林匹克与数学文化(第一辑)	2006—05	48.00	4
数学奥林匹克与数学文化(第二辑)(竞赛卷)	2008—01	48.00	19
数学奥林匹克与数学文化(第二辑)(文化卷)	2008—07	58.00	36
数学奥林匹克与数学文化(第三辑)(竞赛卷)	2010—01	48.00	59
数学奥林匹克与数学文化(第四辑)(竞赛卷)	2011—03	58.00	87
发展空间想象力	2010—01	38.00	57
走向国际数学奥林匹克的平面几何试题诠释(上、下)(第2版)	2010—02	98.00	63,64
平面几何证明方法全书	2007—08	35.00	1
平面几何证明方法全书习题解答(第2版)	2006—12	18.00	10
最新世界各国数学奥林匹克中的平面几何试题	2007—09	38.00	14
数学竞赛平面几何典型题及新颖解	2010—07	48.00	74
初等数学复习及研究(平面几何)	2008—09	58.00	38
初等数学复习及研究(立体几何)	2010—06	38.00	71
初等数学复习及研究(平面几何)习题解答	2009—01	48.00	42
世界著名平面几何经典著作钩沉——几何作图专题卷(上)	2009—06	48.00	49
世界著名平面几何经典著作钩沉——几何作图专题卷(下)	2011—01	88.00	80
世界著名平面几何经典著作钩沉(民国平面几何老课本)	2011—03	38.00	113
世界著名数论经典著作钩沉(算术卷)	2011—06	28.00	125
世界著名数学经典著作钩沉——立体几何卷	2011—02	28.00	88
世界著名三角学经典著作钩沉(平面三角卷Ⅰ)	2010—06	28.00	69
世界著名三角学经典著作钩沉(平面三角卷Ⅱ)	2011—01	28.00	78
几何学教程(平面几何卷)	2011—03	68.00	90
几何学教程(立体几何卷)	2011—07	68.00	130
几何变换与几何证题	2010—06	88.00	70
几何瑰宝——平面几何500名题暨1000条定理(上、下)	2010—07	138.00	76,77
三角形的五心	2009—06	28.00	51
俄罗斯平面几何问题集	2009—08	88.00	55
俄罗斯平面几何5000题	2011—03	58.00	89
计算方法与几何证题	2011—06	28.00	129
500个最新世界著名数学智力趣题	2008—06	48.00	3
400个最新世界著名数学最值问题	2008—09	48.00	36
500个世界著名数学征解问题	2009—06	48.00	52
400个中国最佳初等数学征解老问题	2010—01	48.00	60
500个俄罗斯数学经典老题	2011—01	28.00	81

哈尔滨工业大学出版社刘培杰数学工作室
已出版(即将出版)图书目录

书　名	出版时间	定　价	编号
超越吉米多维奇——数列的极限	2009—11	48.00	58
初等数论难题集(第一卷)	2009—05	68.00	44
初等数论难题集(第二卷)(上、下)	2011—02	128.00	82,83
谈谈素数	2011—03	18.00	91
平方和	2011—03	18.00	92
数论概貌	2011—03	18.00	93
代数数论	2011—03	48.00	94
初等数论的知识与问题	2011—02	28.00	95
超越数论基础	2011—03	28.00	96
数论初等教程	2011—03	28.00	97
数论基础	2011—03	18.00	98
数论入门	2011—03	38.00	99
解析数论引论	2011—03	48.00	100
基础数论	2011—03	28.00	101
超越数	2011—03	18.00	109
三角和方法	2011—03	18.00	112
谈谈不定方程	2011—05	28.00	119
整数论	2011—05	38.00	120
初等数论100例	2011—05	18.00	122
俄罗斯函数问题集	2011—03	38.00	103
俄罗斯组合分析问题集	2011—01	48.00	79
博弈论精粹	2008—03	58.00	30
多项式和无理数	2008—01	68.00	22
模糊数据统计学	2008—03	48.00	31
解析不等式新论	2009—06	68.00	48
建立不等式的方法	2011—03	98.00	104
数学奥林匹克不等式研究	2009—08	68.00	56
初等数学研究(Ⅰ)	2008—09	68.00	37
初等数学研究(Ⅱ)(上、下)	2009—05	118.00	46,47
中国初等数学研究　2009卷(第1辑)	2009—05	20.00	45
中国初等数学研究　2010卷(第2辑)	2010—05	30.00	68
中国初等数学研究　2011卷(第3辑)	2011—07	60.00	127
初等不等式的证明方法	2010—06	38.00	123
数学奥林匹克不等式散论	2010—06	38.00	124
理论与实用算术	2010—06	38.00	126
数学奥林匹克超级题库(初中卷上)	2010—01	58.00	66
数学奥林匹克不等式证明方法和技巧(上)	2011—08		134
数学奥林匹克不等式证明方法和技巧(下)	2011—08		135

哈尔滨工业大学出版社刘培杰数学工作室 已出版(即将出版)图书目录

书　名	出版时间	定　价	编号
中等数学英语阅读文选	2006—12	38.00	13
统计学专业英语	2007—03	28.00	16
数学 我爱你	2008—01	28.00	20
精神的圣徒　别样的人生——60位中国数学家成长的历程	2008—09	48.00	39
数学史概论	2009—06	78.00	50
斐波那契数列	2010—02	28.00	65
数学拼盘和斐波那契魔方	2010—07	38.00	72
数学的创造	2011—02	48.00	85
数学中的美	2011—02	38.00	84
最新全国及各省市高考数学试卷解法研究及点拨评析	2009—02	38.00	41
高考数学的理论与实践	2009—08	38.00	53
中考数学专题总复习	2007—04	28.00	6
向量法巧解数学高考题	2009—08	28.00	54
新编中学数学解题方法全书(高考复习卷)	2010—01	48.00	67
新编中学数学解题方法全书(高考真题卷)	2010—01	38.00	62
新编中学数学解题方法全书(高考精华卷)	2011—03	68.00	118
高考数学核心题型解题方法与技巧	2010—01	28.00	86
靠数学思想给力(上)	2011—07	38.00	131
靠数学思想给力(中)	2011—07	38.00	132
靠数学思想给力(下)	2011—07	28.00	133
方程式论	2011—03	38.00	105
初级方程式论	2011—03	28.00	106
Galois 理论	2011—03	18.00	107
代数方程的根式解及伽罗瓦理论	2011—03	28.00	108
线性偏微分方程讲义	2011—03	18.00	110
N 体问题的周期解	2011—03	28.00	111
代数方程式论	2011—05	28.00	121
闵嗣鹤文集	2011—03	98.00	102
吴从炘数学活动三十年(1951~1980)	2010—07	99.00	32

联系地址:哈尔滨市南岗区复华四道街10号哈尔滨工业大学出版社刘培杰数学工作室
邮　　编:150006
联系电话:0451—86281378　　13904613167
E-mail:lpj1378@yahoo.com.cn